하나님의
우주 경영

하나님의 우주 경영

이기정 지음

"태초에 말씀이 계시니라. 이 말씀이 하나님과 함께 계셨으니
이 말씀은 곧 하나님이시니라."(요 1:1)

아침향기

책을 쓰면서..

하나님 우리아버지를 깨달아 갑니다

사람들에게는 누구나 아버지가 있습니다. 아버지가 없이 세상에 태어나는 사람은 있을 수가 없기 때문입니다. 혹은 말하기를 "어머니가 나를 낳아 주셨습니다."라고 말하는 분이 있을 것입니다. 물론 맞는 말입니다. 하지만 마치 아버지가 없어도 내가 태어날 수 있다는 말로 들릴 수 있습니다. 아버지가 없으면 나는 세상에 태어나 존재할 수가 없습니다. 아버지와 어머니가 나를 낳는데 함께 하셨다고 할 수는 있습니다. 어머니가 아버지의 돕는 배필이기 때문입니다.

성경을 보시면 그 문제를 생각하게 하는 내용이 기록되어 있습니다. 세상을 창조하신 분은 아버지 하나님이십니다. 그 아버지 하나님이 또 자신을 닮은 인류의 아버지인 아담 한 사람을 처음으로 태어나게 하셨습니다. 그리고 인류의 어머니 하와는 그 후에 하나님께서 아담의 배필이 필요하다고 생각하셔서 만들어 주셨습니다. 사람에게 아버지가 반드시 있어야 존재하게 되는 이유를 보여주는 말씀이라 생각이 됩니다.

사람은 이 세상에 육신을 가지고 살고 있습니다. 하지만 육신만으로는 완전한 사람이라 할 수가 없습니다. 우리 육신 안에는 영이 살고 있기 때문입니다. 그러니까 우리가 우리 자신을 나라고 하는 진정한 나는 육신이 아니라 육신 안에 살고 있는 영을 나라고 한다는 이야기입니다. 하지만 우리가 이 세상에 있는 동안에는 육신과 육신 안에 살고 있은 영을 합해서 나라고 합니다. 그 나를 우리 육신의 아버지와 어머니가 낳아 주셨습니다. 하지만 육신의 부모는 나를 세상에 태어나게 하는 역할만 할 뿐이지 그들이 능력이나 지혜가 있어서 자녀를 태어나도록 계획하고 만들어 태어나게 하는 것은 아닙니다.

우리에게는 육신이나 영을 직접 창조하실 수 있는 능력의 아버지가 계십니다. 그 분이 바로 우리를 태어나게 하신 아버지라고 할 수가 있습니다. 그 분이 바로 아담을 태어나게 하신 분입니다. 그러니까 우리에게는 나를 세상에 태어나게 하신 육신의 아버지가 계시고, 나를 창조하신 영의 아버지가 계신다는 이야기입니다. 나를 창조하신 아버지는 우리 영육간의 아버지요 창조주시요, 우주와 인류를 다스리시는 분이라는 사실을 알아야 될 것입니다.

그 아버지께서 인류에게 유전자를 주셨고, 피를 나눠 주셨습니다. 그 아버지께서 인류를 창조하시기 전부터 사람을 사랑하시고 사람으로 하여금 세상에 살 수 있도록 모든 환경과 조건을 만들어주셨습니다. 사람에게 교훈과 책망과 세상에 유익한 사람이 되도록 인도하시고 방향을 정해 주셨습니다. 그리고 선한 삶을 살도록 말씀으로 늘 함께 하신 분이라는 사실입니다.

　이 책은 바로 그런 이야기를 쉽게 쓴 책입니다. 하나님이 우리 인류의 아버지라는 사실과 우리 눈으로 확인할 수는 없지만 우리 하나님 아버지께서 어떻게 자신이 창조하신 우주 만물을 이렇게 질서 있게 경영하시는지 자연 섭리를 통해서 성경을 통해서 연구해 보았습니다. 그 답을 한 마디로 한다면 우리 하나님은 살아 계신 우리 아버지라는 사실 때문입니다. 읽으시면서 성경을 더 깊이 묵상하시는 계기를 만나시기 바랍니다.

이 기 정

추천사

자연계시를 통해 특별계시를 증명한다

하나님의 창조질서와 자연의 아름다움을 몸소 체험하며 찬양하는 이기정 목사님의 창조씨리즈 세번째 저서 〈하나님의 우주경영〉 출간을 축하드리며 이미 〈손자와 함께 풀어본 창조의 신비 〉〈관심을 가져야 보이는 것〉 두 권의 저서를 읽은 애독자와 함께 기뻐합니다.

이 책에는 신학자들이 연구실에서 발견할수 없었던 자연현장의 체험적인 창조의 신비와 지혜가 오롯이 녹아 있습니다.

창조주 하나님께서 어떻게 우리의 아버지가 되시는가. 영원한 생명으로 지음받은 인간이 왜 죽어야 하는지 , 그 인생은 최종 목적을 어떻게 이루어 가야 하는지를 말씀과 자연질서를 통하여 논리적으로 설명하고 있습니다.

동방의 의인 욥은 왜 무엇 때문에 하나님의 큰 책망을 받았을까요?(욥기 38:1~3) 간단히 요약한다면 하나님의 창조의 신비를 너무나 적게 찬양하였고 자신의 문제에만 너무 몰두하다가 하나님께 불평하였기 때문입니다.지금까지는 하나님에 대하여 듣기만 하였던 욥은 자연질서의 정교함을 통해 눈으로 그 분을 보았다고 고백합니다 (욥 37~41장 42:5)

창조된 자연만물은 인간의 눈에 보이지 않는 하나님을 보여주고 나타냅니다.자연만물이 없었다면 알려지지 않았을 하나님을 인간에게 알려주는 수단과 방법이 되었습니다.(롬 1:19~20) 예술가가 색칠하고 조각한 작품을 통하여 자기자신을 드러내 보여주는 것처럼 신적 예술가이신 하나님은 창조물을 통하여 당신을 인간에게 드러내셨습니다. 이러한 근거로 신학자들은 로마서 1: 19~20을 하나님의 일반계시로 규명했습니다.

• 하늘을 보면서 하나님의 계시를 깨닫습니다

하늘이 하나님의 영광을 선포하고 ....그 영광이 온 땅에 충만하도다(시19:1)

• 사람을 보면서 하나님의 형상과 계시를 발견합니다.

하나님이 이르시되 우리의 형상을 따라 우리의 모양대로 우리가 사람을 만들고(창1:26)

사람이 무엇이기에 주께서 그를 생각하시며 인자가 무엇이기에 주께서 그를 돌보시나이까 그를 하나님보다 조금 못하게 하시고 영화와 존귀로 관을 씌우셨나이다(시8:4~5)

하나님의 자연계시 창조물을 묵상하고 그 이치를 배우는 것을 통해 우리는 특별계시를 더욱 깊이 깨달아 갈 것입니다. 이기정 목사님의 창조 저서 씨리즈는 이런 측면에서 교과서적인 역할을 충분히 감당하는 명저임에 틀림없습니다.

바라기는 이 책을 통하여 창조물을 통하여 말씀하시는 하나님의 음성을 우리의 삶의 현장에서도 들으시어 더욱 성숙한 신앙의 길로 나아가는 계기가 있으시길 간구합니다.

편집주간 강신억 목사

목차

제 2 편 책 속에 제일 귀한 책

제1편

하나님 아버지와
우주 경영

하나님은 우리 아버지

하나님을 아버지라고 부르는 것이 맞는 말인가
하나님은 전지전능하신 창조주신데, 아버지라고 불러도 괜찮을까?

하나님은 이 우주 만물을 창조하셨다. 그 하나님이 우리에게 하나님의 말씀인 성경도 주셨다. 그 분이 죄인이었던 우리를 죄에서 구원하시려고 독생자 예수 그리스도를 세상에 보내셨다. 그 분이 바로 우리가 알고 믿는 하나님이시다.

독생자이신 예수님이, 우리를 구원하시려고 세상에 사람의 몸을 입고 오신 예수님이 하나님을 아버지라 부르신다. 그래서 믿는 우리도 하나님을 아버지라고 부르는 것일까?

하나님을 살아계신 우리 아버지라고 부르는 말이 과연 맞는 말일까? 아버지가 되려면 마땅히 우리 형제와 누이를 낳아 주신 분이라야 되는데, 하나님을 또 다른 아버지로 모시는 것이 과연 합당한 일인가?

믿는 사람들은 하나님을 왜 살아계신 하나님 아버지라고 부를까?

성경에 있으니까, 그렇게 아버지라고 부르는가? 종교의 상징적인 절대자이니까 아버지라고 하는가?

믿는 우리는 일반적으로는 하나님을 창조주라고 말하고는 있다. 창조주라는 호칭보다는 하나님 아버지라는 호칭을 더 많이 쓰는 것 같다. 마치 입버릇처럼 말이다.

성경에서 하나님을 아버지라고 한 곳이 많이 있다.

이사야 64 : 8에 "..주는 우리 아버지시니이다..."라고 하였다.

마태복음 23 : 9 "땅에 있는 자를 아버지라 하지 말라 너희의 아버지는 한 분이시니 곧 하늘에 계신이시니라"고 예수님께서 하나님이 우리의 아버지이심을 가르쳐 주시는 말씀도 있다.

요한 1서 2 : 22-23는 "거짓말 하는 자가 누구냐 예수께서 그리스도이심을 부인하는 자가 아니냐 아버지와 아들을 부인하는 자가 적그리스도니 아들을 부인하는 자에게는 또한 아버지가 없으되 아들을 시인하는 자에게는 아버지도 있느니라"

우리가 분명 적그리스도가 아니라면 아버지와 아들을 부인할 수가 없다는 말씀이다. 우리가 하나님을 아버지라 부르는 일에 머뭇머뭇 할 것이 아니라 믿는 자는 반드시 하나님을 아버지라 불러야 될 것을 강조하시는 말씀이라 할 수 있다.

하나님이 왜 우리의 아버지가 되시는지 그 사실을 반드시 증명할 수 있어야 하지 않을까?

왜냐하면 성경은 오차가 없는 하나님의 말씀이니까 말씀으로 반드시 증명이 돼야 할 것이다.

하나님께서 사람을 창조하셨다. 그리고 사람에게 생육하고 번성하라 명하셨다. 분명 하나님은 창조주이신데 왜 사람을 창조하신 후 즉시 생육하고 번성하라는 명령을 하셨을까? 기독교가 종교라면 윤리나 도덕에 관한 가르침을 먼저 말할 수도 있을 터인데 하나님께서는 창조하시면서 왜 생육하고 번성하라는 말씀을 먼저 하시고 사람에게 복을 주신다고 하셨을까? 그렇다면 하나님께서 복을 주시면서 생육하고 번성하라고 하신 그 말씀에서 우리는 하나님을 아버지라 부르는 답을 찾을 수도 있지 않을까?

그것은 분명 하나님이 사람에게 생명을 주신 아버지이기 때문일 것이다.
"내가 아버지로서 생명을 너희에게 주었으니 너희도 생명을 낳아 기르라"는 뜻이 아닐까? 하나님이 사랑하는 사람에게 생명을 주셨으니 사람도 사랑하는 자녀를 낳아 길러야 된다는 뜻일 것이다. 그래서 생육하고 번성하도록 자녀를 낳는 것은 생명을 받은 부모의 도리니까, 생명을 낳는 자가 바로 부모 즉 아버지라는 이야기다. 그러한 하나님이 아버지시니까 복을 주시면서 사람에게 생육하고 번성하라고 하셨을 것이 분명하다.

만약 하나님의 그 명령을 어기고 인류가 생육하고 번성하지 않는다면, 지구촌에 어떤 현상이 일어나겠는가? 지구에 아버지 될 사람이 하나도 없을 것이다.

아버지가 없어지고, 자식이 없어지면 지구촌의 형편이 어떤 상태가 될까? 아마도 생육하고 번성하는 현상이 없어지기 때문에 가정마다 대가 끊어질 것이고 지구에는 인구증가가 전혀 이루어지지 않을 것이니 지구에는 인류가 소멸하고 지구도 곧 망할 것이 분명하다.

하나님이 살아 계시고 하나님이 살아있는 사람을 창조하셨으니 살아 있는 사람에게 생육하고 번성하라고 명령을 하신 것이라 할 수 있다. 죽은 자가 살아있는 생명을 낳을 수 있는 것이 아니기 때문이다. 다시 말하면 인류 최초의 사람, 인류의 시조 아담도 죽은 하나님이 창조하신 것이 아니라 살아계신 하나님이니까 창조하셨다는 뜻이다. 세상 많은 종교가 있지만, 그들의 절대자는 생명을 낳을 수가 없다. 왜냐하면 그들은 생명이 없기 때문에 생명을 창조할 수가 없다.

그러나 우리 하나님은 살아계시기 때문에 자기 형상을 닮은 인간을 창조하신 것이다. 믿는 사람들이 살아계신 하나님을 아버지라고 부르는 이유다.

만약 하나님도 사람처럼 죽는다면 그 날로 우주 운행이 멈출 수밖에 없다. 생명이 없는 하나님이라면 어떤 능력으로 우주의 운행을 하겠는가? 그래서 살아계시지 않다면 우주와 지구는 그날로 운행을 멈출 수밖에 없을 것이라는 이야기다.

내 부모가 나를 낳았기 때문에 아버지라고 하는 것처럼 살아계신 우리 하나님이 나를 낳았기(창조) 때문에 우리는 하나님을 살아계신 아버지 하나님이라고 부를 수 있는 것이다. 하지만 나를 낳아 주셨다는 것만으로는 아버지가 증명되었다고 할 수는 없다.

그렇다면 하나님이 우리의 아버지가 되신다는 사실을 어떻게 증명할 수 있을까? 하나님이 우리 아버지 되시는 그 정확한 근거를 알아보기로 하자.

1) 하나님은 생물학적으로 우리 아버지시다

자식은 부모의 외모나 성격을 많이 닮는다. 부전자전이라고 한다. 자식이 왜 부모를 닮을까? 자식이 부모를 닮는 이유는 자식이 부모의 유전자(DNA)를 받았기 때문이다. DNA 검사로 친부나 친자 확인을 하는 이유가 바로 자식이 부모를 닮아 태어나기 때문 아니겠는가?

언제부터 자식이 유전자 때문에 부모를 닮는다는 사실을 과학자들이 알아냈을까? DNA를 사람의 세포 속에서 발견한 것이 20세기 초라고 하니까, 지금으로부터 불과 200년 전이나 그 후일 것이다. 과학자가 유전자를 만들어 사람의 세포 속에 넣은 것이 아니라, 그 전에는 전혀 몰랐던 사실을 비로소 20세기 초에 발견했다는 이야기다.

자식이 부모를 닮도록 하는 유전자가 어떻게 사람의 몸속에 있게 되었으며 언제부터 있게 된 것일까? 과학자가 연구해서 유전자를 만들어 사람의 몸에 넣었을까? 그것은 분명 아닐 것이다. 사람이라는 존재가 처음 창조 될 때부터 이미 유전자가 사람의 몸에 입력되었던 사실이다. 그것은 숨길 수 없는 분명한 사실임에 틀림이 없다. 왜냐하면 자식은 그 부모에게서 유전자를 받아야 사람으로 태어날 수 있기 때문이다. 사람의 세포 속에 유전자가 없다면 자신을 닮은 자녀를 생산할 수가 없기 때문이다.

그렇다면 아버지가 없이 창조된 인간의 시조는 유전자를 누구에게서 받았을까 의문이 생기게 된다. 만약 인간의 시조 아담이 유전자를 누군가로부터 받았다고 하면 아담을 창조하신 하나님에게서 받았다는 답 밖에 다른 답이 있을 수가 없다. 결과적으로 사람이라는 존재를 창조하신 분이 사람을 태어나게 하신 아버지라는 이론이 될 수밖에 없는 것이다.

다시 말하면 사람이 처음 창조 될 때부터 사람의 몸속에 창조주의 유전자가 입력되었기 때문에 그 후 모든 자손이 유전자로 인해서 자식이 부모를 닮아 태어나게 되었다는 뜻이다. 모든 인류의 아버지는 바로 창조주라는 뜻이다. 창조주 하나님이 아담을 창조하시면서 아담의 몸에 유전자를 주신 것이 분명하다는 이야기가 되는 것이다.

하나님이 어떤 과정으로 아담의 몸에 유전자를 입력하셨을까?

자식이 세상에 태어날 수 있는 길은 오직 부모를 통해서만 태어날 수 있는 것이고, 또 부모를 통해서 태어나야만 유전자를 받을 수 있는데, 그래야 자식이 부모의 성격과 외모를 닮을 수 있는 것인데 육신이 없으신 하나님이 어떻게 유전자를 사람의 몸에 입력하셨을까?

우리 하나님은 전지전능하신 분이다.

하나님의 뜻과 능력으로 사람이 하나님을 닮은 존재가 되도록 그 크신 능력으로 사람을 창조하셨다 하더라도 누가 감히 이유를 붙일 수 있겠는가? 그러나 우리 하나님은 법과 질서가 없는 하나님이 아니라, 지적이고 질서와 법이 있는 하나님이라는 사실을 알아야 한다. 창조이후 사람이 대대로 하나님을 닮은 유전자를 받도록 하기 위해서는 자식이 부모의 몸에서 유전자를 받아 태어나야 하기 때문에 생리학적으로 자식이 부모를 닮도록 하는 유전자를 사람의 몸에 넣어 주신 것이 분명하다. 한마디로 부모를 닮아 태어날 수 있는 유전자를 아담의 몸에 입력하셨다는 이야기다.

성경에서 하나님이 무엇이라 하셨는가?

"하나님이 이르시되 우리의 형상을 따라 우리의 모양대로 우리가 사람을 만들고"(창 1 : 26)라고 하셨다.

하나님이 사람을 창조하시면서 하나님 자신을 닮은 사람을 만들자고 하셨다는 이야기다. 하나님이 자신을 닮은 사람을 만들겠다는 계획으로 사람을 만드시면서 하나님 자신의 유전자를 사람(아담)에게 넣어 주셨다는 뜻이다. 전지전능하신 분이 자신의 형상과 모양을 닮은 사람을 만드시겠다는 계획을 하시고 창조하신 것이다.

하나님은 제한 된 몸을 가지신 분이 아니시기에 생육하는 방법이 아닌 지적인 능력으로 사람에게 유전자를 넣어 주신 것이다. 다시 말하면 하나님은 육신을 가지신 분이 아니시기에 하나님의 독특한 창조 능력으로 자신을 닮은 아담으로 하여금 유전자를 잇게 하시려고 창조하셨다는 뜻이다.

하나님께서 자신을 닮은 사람 아담을 만드셨는데 그 아담이 자기 형상을 닮은 아들을 다시 낳았다고 성경은 말씀하고 있다.

"아담이 130세에 자기의 모양 곧 자기 형상과 같은 아들을 낳아..."(5 : 3) 라고 하셨다.

하나님이 자기 형상을 닮은 아담을 낳았고 이어서 아담도 자신을 닮은 아들을 낳았다는 뜻이 된다. 즉 하나님으로부터 아담에게 또 아담에게서 그 아들에게로 유전형상이 이미 일어났다는 이야기다. 그렇게 해서 모든 인류가 시조 아담을 닮았을 뿐 아니라, 인류의 아버지 되시는 하나님을 닮게 된 것이다.

아담의 아들이 아담을 닮은 성품을 갖게 된 것처럼, 사람은 하나님이 가지신 속성(성품)을 가질 수 있게 된 것이다. 하나님의 속성이 사람에게 모두 유전이 되었지만 사람의 속성은 제한되고 한계가 있는 성품이라는 이야기다.

그런 이유로 하나님을 닮아 태어난 아담이 다시 아담 자신을 닮은 아들을 낳았다는 뜻이다. 하나님을 닮도록 하는 유전자를 하나님이 아담에게 직접 주셨고, 아담은 자신을 닮도록 하는 유전자를 아들 셋에게 직접 주었다는 것이다.

하나님은 아담의 아버지가 되고 아담은 셋의 아버지가 된다는 뜻이다. 그 결과 하나님은 모든 인류의 아버지가 되시는 것이다.

하지만 성경을 믿는 우리는 으레 하나님께서 사람을 창조하셨다고만 믿고 있다.

물론 하나님이 사람을 창조하셨다. 그러면 전지전능하신 하나님이 사람을 피조물로, 어떤 물건처럼, 예술가의 심정으로.. 건축가의 심정으로 사람을 물건으로 창조(만들어)하셨을까? 만약 하나님이 사람을 어떤 작품으로 창조하셨다면 우리가 하나님을 아버지라 부를 이유가 없다. 하나님이 사람을 제품처럼 만드셨다면 그냥 하나님을 창조주시다, 제품을 만든 주인이시다, 그렇게 믿으면 된다.

성경은 하나님을 아버지라고 하신다.

만약 성경이 하나님을 아버지라고 한다면 하나님이 살아계신 우리 아버지가 된다는 사실을 증명할 수가 있어야 한다. 자식이 아버지에 대한 믿음이 없고 증명할 수 있는 확신이 없다면 어떻게 아버지를 공경하고 섬길 수 있겠는가? 하나님이 아버지라는 사실을 증명하지 못하면서 하나님을 아버지라고 한다면 그것은 다른 종교나 마찬가지로 기독교도 일반 종교나 다름이 없는 종교일 뿐이다. 우리는 기독교가 단순한 종교이기 때문에 하나님을 섬기는 것이 아니다. 하나님이 우리의 살아계신 아버지가 되시니까 섬기는 것이다.

만약 우리도 하나님과 예수를 종교의 절대자로만 알고 믿는다면 하나님이 살아계신 분이 아니라도 괜찮을 것이다. 그냥 믿으면 되니까. 하지만 하나님이 살아계시지 않다면 하나님은 우리에게 생명을 주실 수가 없다. 우리에게 복도 주실 수 없고, 구원도 하실 수 없고, 사랑도 은혜도 주실 능력이 없을 것이다. 물론 하나님이 우리 아버지가 되실 수도 없다.

성경에서 하나님이 "우리가 사람을 만들자"고 한 말씀은 죽은 하나님이 할 수 있는 말이 아니다. 살아 있는 분이 할 수 있는 말이다. 살아 있어야 사람을 만들자는 말도 하고 생각도 하고 계획도 할 수가 있는 것이다. 하나님이 세상과 사람을 하나님의 뜻으로, 하나님의 지혜로, 과학적 설계로 창조하시겠다는 그런 지적인 계획을 가지고 말씀하신 것이다. 유전자(DNA)는 부모를 닮아 태어나게 하는 설계도이다. 그래서 아담은 하나님을 닮고, 아담의 아들과 후손들은 아담을 닮게 된 것이다.

내가 부모에게 효도해야 될 이유는 아버지가 내게 아버지를 닮도록 하는 인간의 유전자를 주셨기 때문이다. 마찬가지로 우리가 하나님을 섬겨야 될 이유는 하나님께서 하나님을 닮도록 하는 유전자를 사람에게 직접 주셨기 때문이다. 그래서 육신의 아버지도 아버지요, 하나님도 우리의 아버지가 되시는 것이다.

사람이 하나님의 인격 성품 모양까지 닮았다는 뜻이다. 얼마나 감사한 일인가? 우리가 위대하신 하나님을 닮았으니 정말 감사한 일이라 아니할 수 없다.

그 유전자가 바로 하나님이 우리의 살아계신 아버지라는 사실을 증명하는 증거물이 된다는 사실이다.

하나님은 육신을 가지신 분이 아니시지만 인류에게 유전자를 주셨기 때문에 생물학적으로 유전학적으로 우리 아버지가 되시는 것이다.

2) 자신의 피를 직접 내게 주신 분이면 아버지시다

성경에서 피를 생명이라고 한다.

레위기 17 : 11에 "육체의 생명은 피에 있음이라"고 했다.

내 육체의 생명이 피라면 생명 되는 피를 내 자신이 만들어 가질 수는 있을까? 물론 불가능한 일이다. 생명의 주인이 하나님이신데 내가 어떻게 생명을 만들 수 있겠는가?

내가 생명을 갖기 위해서는 누군가로부터 피를 받아야 한다. 그렇다면 내게 피를 주어 생명으로 탄생하기 위해서는 누가 나에게 피를 주어야 되는가? 그야 물론 부모로부터 받아야 된다. 부모가 나에게 피를 나누어 탄생 하도록 할 수 있기 때문이다.

생명이 되는 피를 아담은 셋이 자신의 아들이기 때문에 직접 셋에게 피를 주었다. 즉 피를 직접 줄 수 있는 사람은 오직 아버지가 아들에게만 줄 수 있다는 뜻이다. 동생에게도, 손자에게도 피를 직접 줄 수가 없다. 그렇게 아버지에게서 아들로 피를 주어서 이어지는 핏줄을 혈통이라 한다.

로마서 1 : 3에 "그의 아들에 관하여 말하면 육신으로는 다윗의 혈통에서 나셨고" 라고 했다.

인류의 혈통은 몇이나 될까?

온 인류는 한 혈통이다.
하나님이 인류의 아버지가 되시는 이유다.
"인류의 모든 족속을 한 혈통으로 만드사" (행 17 : 26)

성경이 혈통에 관해서 말씀을 하시고 있는 것이다. 예수가 다윗 왕의 혈통을 따라 태어났다는 뜻이다. 성경이 왜 혈통을 말씀하고 있는 것일까? 혈통을 보면 그의 가문과 조상이 누구인지를 확인할 수 있기 때문이다. 혈통은 속일 수가 없기 때문이다.

"그 애비에 그 자식, 핏줄은 못 속여."라고 말하지 않는가. 왜 핏줄은 못 속일까? 핏줄은 아버지에게서 아들로만 이어지기 때문에 그 아버지의 피가 그 아들에게 혈통으로 연결되고 있다는 사실을 부정할 수 없다는 뜻이다. 물론 피를 통해서도 유전이 흐르고 있기 때문이다. 예수님은 육신으로는 다윗왕의 혈통에서 태어났기 때문에 왕족의 핏줄(혈통)이요, 왕족의 유전자가 있다는 뜻일 수 있다.

마태복음 1 : 1에서는 "아브라함과 다윗의 자손 예수 그리스도의 계보라."는 말씀이 기록되어 있다.

아버지에게서 아들로 내려간 그 혈통이 연결되어 예수님이 아브라함과 다윗의 족보에 속할 뿐만 아니라, 혈통이라는 것을 증명하는 말씀이다.

이스라엘 자손 모든 지파가 다윗에게 나아와 말하기를 우리는 한 피를 나눈 왕의 친족이라고 고백했다는 이야기다. 한 혈통을 가진 친족이라는 고백이다.

인류에게 육신의 혈통을 이어가도록 최초에 시조 아담에게 직접 피를 나눠주신 분이 누구인가? 물론 하나님이시다. 아담이 피를 만들어 후손에게 준 것이 아니다. 하나님께서는 아담에게, 아담은 아들 셋에게, 셋은 그 아들과 후손에게 피를 나눠 준 것이다. 아담 후에 계속 아버지에게서 아들로 혈통이 이어져 내려가 오늘날 지구촌 인류가 된 것이다. 다시 말하면 우리 모두는 하나님의 혈통(핏줄)을 받은 후손들이라는 뜻이다.

우리 모든 인류에게 피를 주신 아버지는 바로 살아계신 우리 아버지 하나님이다. 하나님은 모든 인류에게 혈통을 이어가도록 하신 최초의 조상이요, 혈통의 아버지시라는 뜻이다.

3) 아버지는 족보에서 내게 제일 가까운
직계 어른이다

　사람은 세상에 태어날 때 부모님의 은혜로 태어나는 것이지 혼자 독불장군으로 하늘에서 뚝 떨어지는 것이 아니다. 부모님이 낳아 주시니까 자식이 되는 것이고 부모님과 자식의 관계가 되는 것이다. 그렇게 되니 자연히 형제와 삼촌, 사촌과 당숙 등 가족간의 관계가 이루어지는 것이다. 그런 관계를 기록한 것을 족보라고 한다.

　창세기 5장 1절에서 "아담 자손의 계보(족보)가 이러하니라"(개역한글판)라고 기록한 후 낳고 죽고, 낳고 죽고의 기록이 계속되고 있다.
　하지만 다 죽었으니까 창세기 5장을 읽는 분들이 별로 관심을 갖지 않는 것 같다. 하지만 낳고, 죽고가 반복되는 것에 중요한 의미가 있다.
　무슨 의미가 있을까? 그것이 바로 족보이기 때문이다. 족보로 자신의 위치와 친족 간의 관계, 가족관계를 알 수 있기 때문이다.

　　로마서 11 : 1에는 이러한 말씀이 기록되어 있다. "그러므로 내가 말하노
　　니 하나님이 자기 백성을 버리셨느냐 그럴 수 없느니라 나도 이스라엘인
　　이요 아브라함의 씨에서 난 자요 베냐민 지파라."

　이스라엘 백성을 하나님께서 자기 백성이라고 하셨고, 바울 자신도 족보상으로 이스라엘 백성이요, 아브라함의 후손이요, 베냐민 지

파에 속한 가족이라고 말씀하였다.

족보란 가문의 역사다. 누가 누구의 아버지인가, 누가 누구의 할아버지인가, 그 친족관계를 보여주기 때문에 중요하다는 뜻이다.

성경에는 그런 족보가 많이 기록되어 있다. 성경이고, 하나님의 말씀인데 왜 족보가 그렇게 많이 기록되어 있느냐고 질문을 할 수도 있을 것이다. 족보가 그만큼 인류에게 중요하기 때문이다. 그래서 성경이 족보를 자세히 기록하고 있는 것이다.

사람은 누구나 자기의 가문과 가족을 사랑하고 자부심을 갖는다. 마찬가지로 하나님께서도 자신의 백성으로 또 자녀로 창조하신 인류에게 사랑과 관심을 가지고 계시는 것이다. 그래서 성경에 족보를 기록하게 하시고 그에 대한 관심이 있으신 것이라 할 수 있다. 그렇다면 하나님의 관심이 있는 족보가 어떤 면이 그렇게 중요할까? 족보를 보면 족보에 나온 인물들의 관계를 볼 수가 있기 때문이다.

성경은 그 관계를 누가 누구의 아들이라든가, 누구의 아버지로 표현하고 있다.

누구의 손자, 누구의 증손, 누구의 몇 대 손, 또 누구의 할아버지, 누구의 몇 대 조로 표현하고 있다. 마치 한국의 족보에서 가족의 관계를 표시하고 있는 것과 같다. 무엇보다도 하나님을 우리 아버지라고 표현하고 있다는 점도 중요하다.

결국은 족보에서 그들의 관계를 말하는 것이다. 하나님과 우리의 관계, 사람과 사람과의 관계다. 그 관계의 거리를 우리 한국에서는 무엇으로 표현을 하고 있는가?

사람은 한 번 죽게 마련이다.

죽은 사람들의 부자 관계, 친족 관계를 알 수 있는 길은 오직 족보뿐이다.
그 족보로 아담이 인류의 시조임이 증명되고,
하나님은 아담의 윗조상임이 증명 된다.
인류 족보에서 생존하시는 분은 오직 하나님뿐이다.
그래서 하나님은 살아계신 아버지시다.

촌수(마디)로 표현하고 있지 않는가? 바로 족보가 중요한 이유가 거기에 있다.

아버지는 족보에서 나에게 제일 가까운 직계 어른이 된다. 왜 그런가? 아버지는 나를 직접 낳아 주신 분이고, 족보에서 내 바로 위에 기록 되어 있는 분이 아버지이기 때문이다. 그래서 아버지와 나는 촌수가 1촌이 된다.

이처럼 복잡한 족보 이야기를 하면 다른 나라에서는 족보가 없지 않은가? 라고 할 것이다. 개도 족보가 있고 말도 족보가 있는데 사람이 족보가 없어서 되겠는가? 다른 나라도 형태는 다르겠지만 족보는 있다. 관계를 한국처럼 촌수를 자세히 따지지 않는 것뿐이다. 하지만 성경에는 촌수를 따지고 있잖은가? 그래서 성경의 족보가 중요하다.

내 형과 내 동생은 나와 몇 촌인가? 2촌이다. 아버지의 형제와 나는 3촌이다.

아버지와 나는 몇 촌인가? 1촌이다. 그러면 할아버지와는 몇 촌일까? 할아버지와 나도 1촌이다. 증조할아버지와도 마찬가지로 역시 1촌이다. 즉 모든 부자간으로 된 직계는 모두 1촌이라는 이야기다.

실제 촌수(마디)로 따진다면 할아버지와 나는 2촌이라야 맞는다. 하지만 할아버지와 나는 1촌이다. 또 증조할아버지와 나는 3촌일 것 같지만 역시 1촌이다. 왜 그럴까? 형제간이 2촌인데 할아버지와 내가 2촌이 되고 증조할아버지와 내가 3촌이 된다는 것은 이론상으로도 윤리상으로도 맞지 않기 때문이다.

세상 누가 자기 할아버지를 2촌이니까 우리는 형제다, 라고 하는 사람이 있는가?

모든 아버지와 아들이 1촌이 되는 것은, 마치 수학의 곱셈법에 1과 1을 아무리 곱해도 1이 되는 이치와 마찬가지다. 그러기 때문에 아버지와 아들로 연결이 되는 직계는 모두 1촌이 된다. 그런 원리로 우리 하나님과 나도 1촌이 되는 것이다. 즉 나와 하나님과도 아버지와 아들의 관계이기 때문에 1촌이 된다는 뜻이다.

그런 원리로 믿는 우리는 모두가 하나님을 아버지라고 부를 수 있는 것이 조금도 이상한 일이 아니다. 내가 하나님을 아버지라고 부르고, 내 사촌도 내 당숙도 하나님을 아버지라 부르고, 미국인도 유럽인도 이 지구상에 있는 모든 인류가 다 하나님을 아버지라고 부를 수 있는 것이다. 인류 모두가 다 하나님과는 1촌이기 때문이다.

하나님이 아담과 1촌 관계이듯, 하나님과 나와도 1촌이기 때문에 제일 가까운 관계가 되는 것이다.

성경에 하나님이 족보상으로 인류의 제일 어른이 되신다는 기록이 있다.

누가복음 3 : 38 "그 위는 에노스요 그 위는 셋이요 그 위는 아담이요 그 위는 하나님이시니라."라고 하셨다. 하나님이 인류의 시조의 족보요 예수님의 족보에서 제일 윗 어른으로 기록되어 있다는 뜻이다.

하나님은 족보상으로도 우리의 살아계신 아버지가 되신다.

4) 자녀의 앞 일을 출산 전부터 예비하시는 분이면 아버지(부모)시다

　지구상에 있는 모든 동물들은 자손(새끼)을 낳는다. 새끼들은 세상에 나오자마자 처음에는 다소 부자연스럽지만 곧 걷기도 하고 먹을 것을 찾아 먹기도 한다. 하지만 생명체들 중에 제일 으뜸이라고 하는 사람은 세상에 태어난 후 걷는 것은 고사하고 앉지도 못하고 스스로 뒤집지도 못하고 먹을 것을 찾아 먹지도 못한다. 반드시 부모나 타인의 사랑과 도움이 없이는 스스로 할 수 있는 것이 하나도 없다.

　왜 그럴까? 사람은 하나님이 창조하신 제일의 걸작품이지만 거기에 사람의 근본이 있고 하나님을 믿고 섬기는 기독교의 원리가 있다고 본다. 사람은 동물과 달리 부모의 사랑과 도움이 필요한 존재로 창조되었기 때문이다. 다시 말하면 나를 낳아주신 부모님의 사랑이 필요하고 나를 만들어주신 하나님이신 아버지의 사랑이 필요한 존재이기 때문이라는 이야기다. 그래서 사람은 부모의 돌보심이 없으면 생존이 불가능하다.

　왜 기독교를 계시종교라고 하는가? 사람이 하나님을 찾아가는 종교가 아니라 하나님이 먼저 사람을 찾아오셔서 보여주시고 사랑을 베풀어 주시는 종교이기 때문이다. 왜냐하면 사람은 스스로는 아무 것도 해결할 수 없는 존재이기 때문이다. 자신의 능력과 지혜로 세상에 태어날 수도 없고, 스스로 자신의 죄 문제도 해결할 수 없는 존재

이기 때문이다. 사람은 부모의 사랑과 도움이 필요하듯 사람은 하나
님 아버지의 사랑과 도움이 필요한 존재이기 때문이라는 뜻이다.

사람에게 부모란 어떤 존재인가?

부모란 자녀를 출산한 뒤에 그 자녀를 돌보지 않고 버려두는 자들이
아니다. 짐승처럼 새끼들을 스스로 먹고 살도록 버려두는 자들이 아니
라는 이야기다. 사람은 부모의 돌보심이 없이는 살 수가 없는 존재이
기 때문이다. 그래서 부모는 자식을 낳으면 먹을 것과 입을 것을 준비
하고 스스로 독립할 때까지 모든 필요를 준비하고 채워주시는 분이다.
성경에도 "어린 아이가 부모를 위하여 재물을 저축하는 것이 아니
요 부모가 어린 아이를 위하여 하느니라."(고후 12 : 14)고 하시지 않
았던가? 그래서 부모는 자식을 낳기 이전에 먹을 것과 입을 것을 미
리 준비하시고 자녀들을 양육하며 자녀가 가정을 이루고 살 때까지
도와주는 것이다.

육신의 부모도 그렇게 자신의 자녀를 돌봐야 한다면 하물며 우리
에게 생명을 주시고 우리를 세상에 태어나 살도록 하신 우리 영과 육
의 아버지이신 하나님께서 얼마나 완벽하게 준비하고 돌보시겠는가?

사람이란 이 세상에 없던 존재다. 사람이란 세상에 있어야 될 이유
를 스스로는 알 수도 없는 존재다. 그런 존재를 사랑하시는 우리 살아
계신 아버지 하나님께서 사람을 창조하셨다. 그 아버지께서 사람을
창조하시면서 먼저 사람이 살 수 있도록 좋은 환경이 갖추어진 지구

와 만물을 창조하시되 먹을거리를 만들어 주셨고, 앞으로 생육하고 번성하도록 복을 주셨으며, 에덴동산을 만들어 행복하게 거주할 수 있도록 하셨다는 사실이다. 마치 육신의 부모가 자녀를 낳기 전에 모든 준비를 하시듯, 아버지 하나님께서도 사람을 창조하시기 전에 사람이 살아가는데 필요한 모든 것을 준비하시고 제일 마지막에 사람을 창조하셨다는 이야기다.

세상 어떤 절대자가 자신을 섬기는 사람들을 위해 지구를 창조하고 생명을 주셨으며, 살기에 적합한 환경을 만들어 주었으며, 먹을거리와 살아갈 거주지를 해결해 주었는가? 오직 생명의 주인이신 우리 아버지 하나님만이 그런 능력의 주인이시라는 사실이다. 그 분이 바로 자녀를 위해 앞으로 살아갈 모든 준비를 하시는 우리 살아계신 아버지시다.

5) 자녀의 허물을 담당하고 구원하기 위해 희생하는 분이면 아버지시다.

하나님이신 예수 그리스도께서 세상에 오셔서 십자가에서 모든 사람의 죄를 담당하고 죽어야 할 이유가 있었을까? 만약 사람이 단순히 하나님이 창조하신 피조물이라면 말이다. 사람이 하나님의 작품이고 피조물이라면 창조주이신 하나님이 피조물의 허물과 죄를 담당하고 죽어야 할 이유가 전혀 없다. 그런데도 하나님이신 예수 그리스도께서 사람의 죄를 구속하시기 위해 인간의 몸을 입고 세상에 오셨고, 십자가에서 죽으심은 사람을 지극히 사랑하시기 때문이라고 말을 한다. 하지만 그 사랑의 관계는 창조주와 피조물의 관계로서의 사랑 정도가 아니라 아버지와 자녀의 사랑의 관계이기 때문이다.

이 세상에서 사랑하는 자식이 죄를 지었다면 자식의 그 죄를 내 죄인 것처럼 담당하고 죽을 각오를 하는 존재가 있다면 그는 자식을 사랑하는 부모 밖에는 없기 때문이다. 마찬가지로 우리 하나님은 자신이 창조한 사람이 자신의 자녀이기 때문에 사랑하고 그 죄까지도 담당하고 죽기까지 희생하시고 있는 것이다. 그것이 바로 자녀를 사랑하시는 육신의 아버지의 마음이요, 우리 아버지 하나님의 마음이다.

그러나 육체가 없으시고 영이신 하나님이 자녀를 구하시기 위해서 영의 모습으로 세상에 나타나실 수가 있겠는가? 그러기 때문에 우리 아버지 하나님이 육신을 입으시고 사람의 모양으로 세상에 나타나셨

자식의 죄 때문에 죽고 싶은 마음이
왜 아버지에게 있을까?

그것은 죄인 된 인간은 모르고 있어도
예수님이 십자가를 스스로 지고 죽으신 이유다.
아버지가 자식을 위해 희생하려는 마음 때문이다.
인류를 사랑하시는 아버지 하나님의 마음이다.

고, 또 죄인을 구원하시기 위해 죄인의 모습으로 나타나셨던 것이다.
그리고 죄로 죽을 수밖에 없는 사람을 위해 십자가에서 죽기까지 하
셨던 것이다. 이 얼마나 크신 사랑이며 자녀를 사랑하는 아버지의 마
음이라 아니 할 수 있겠는가?

세상 어떤 절대자가 자신을 믿는 신자를 위해 자신을 희생했다는
기사가 있는가? 오직 우리 살아계신 하나님뿐이다. 우리 하나님은 생
명이시기 때문이다. 생명이신 하나님이 자신의 생명을 준 사람이 죄
에 허덕이기 때문에 사람을 구원하시기 위해 희생하려는 마음이 있
으셨던 것이다. 그 마음이 바로 자녀를 사랑하는 아버지의 마음이 아
니겠는가? 그 마음이 바로 허물이 있는 자녀를 위해 자신을 희생하기
까지 하시는 아버지의 마음인 것이다.

6) 아버지는 자녀의 미래도 완벽하게 준비하시는 분이다.

동물들은 세상에 태어났다가 죽으면 그것으로 끝이다. 그러나 인생은 이 세상이 끝이 아니다. 육신은 죽어 흙으로 돌아가지만 영은 영원으로 돌아간다는 사실을 믿음이 아니라도 사람 자신이 알기 때문이다. 사람에게는 어떠한 어려움이 있어도 항상 희망이라는 내일이 있게 마련이다. 그런데 제한적 존재인 사람이 스스로 희망하고 있는 내일을 준비할 수 있겠는가? 한 치 앞도 모르고 사는 사람에게는 그런 능력이 없다. 사람은 누군가가 내일에 대한 약속을 주지 않는 한 이 세상에 살다가 수명이 다하는 날 몸은 죽어 흙으로 돌아갈 수밖에 없겠지만, 영은 돌아갈 곳을 보장 받지 못한다. 그런데도 나를 낳아주신 육신의 부모는 나의 영원한 내일을 책임 질 수가 없는 제한적 존재다. 그들이 자녀를 지극히 사랑하지만 책임 질 수 있는 한계는 이 세상에 있을 동안만이기 때문이다.

믿는 우리에게는 영원을 약속하시는 분이 있다. 그 분은 바로 우리의 아버지 하나님이시다. 바로 아버지가 계신 천국의 약속이다. 우리는 천국의 소망을 사모하며 살고 있는 것이다. 우리의 육신의 아버지는 제한 된 분이기 때문에 우리의 육신이 죽음에 이를 때까지만 관심을 가질 수 있지만, 우리의 영의 아버지는 영이시기 때문에 제한된 이 세상뿐만 아니라 우리가 영원에 이르도록 관심을 가지고 계신 분이라는 사실이다. 우리 아버지 하나님께서 우리에게 영원을 약속해 주신 것이다. 그렇다면 하나님께서 왜 사람에게 내일의 소망을 가지고 살도록 하셨을까?

인생이 하나님이 만드신 단순한 피조물이고 작품이라면 일반 동물들처럼 죽어 소멸해도 사람이 그에 대해 불평할 이유가 없을 것이다. 하지만 인생을 죽어 소멸되는 존재로 창조하신 것이 아니기 때문에 소망을 가지고 살도록 하신 것이다. 왜냐하면 하나님은 사람을 사랑하는 대상으로 또 사랑하는 자녀로 만드셨기 때문이다. 사람은 항상 아버지 하나님의 사랑을 받으며 교제하면서 말씀을 기억하고 순종하며 살아야 하는 것이다. 하나님이 바로 살아계신 아버지이기 때문이다. 그 하나님이 사람에게 영원을 사모하는 마음을 주셨다. 그러므로 우리는 영원을 사모하며 사는 존재다.

우리가 지금은 피조물이기에 제한된 시간 속에 살아야하지만 이 세상에서의 삶이 끝나면 우리 아버지의 약속대로 영원에서 하나님과 함께 영화를 누리게 될 것이다. 그런 약속을 주신 아버지의 말씀을 믿고 영원을 사모하면서 때를 기다리고 있는 것이다. 그 분이 바로 우리의 살아계신 아버지가 되고 우리는 그 분의 사랑하는 자녀가 되는 것이다. 우리 육신의 아버지는 이 세상에서만 우리의 책임자가 되지만 우리 영의 아버지는 우리를 영원까지 책임을 지시고 인도하시는 아버지이시다.

아버지는 자기 형상과 모양을 닮도록 유전자를 자녀에게 주시는 분이다.
아버지는 생명 되는 자신의 피(혈통)을 자녀에게 전하는 분이다.
아버지는 족보(가계)에서 제일 가까운 어른이시다.
아버지는 자녀가 출산되기도 전에 살아갈 준비를 해 주시는 분이다.
아버지는 자녀의 허물과 죄를 책임지시되 죽기까지 담당하시는 분이다.
아버지는 자녀의 먼 미래까지도 염려하시고 소망으로 살도록 하신다.

하나님은 전 인류의 가장이다

아버지는 가족의 어른이고 가장이다.
아버지와 어머니 그리고 부모를 닮은 자녀가 있으면 거기가 가정이다.
자녀는 부모의 유전자와 혈통을 따라 태어나기 때문이다.

하나님은 우주적 가정의 가장이다.
하나님은 자신을 닮은 아담을 낳고 아담은 아담을 닮은 아들을 낳았다.
아담이 하나님을 닮은 유전자와 혈통을 받았기 때문이다.

하나님께서 "이스라엘은 내 아들 내 장자라"고 하셨다.
"너희는 너희 하나님 여호와의 자녀이니..."라고도 하셨다.
하나님이 지구촌 인류의 가장이라는 뜻이다.

하나님의 행사는
능히 깨달을 수가 없다

만약 성경을 소설처럼 한 번 읽고 그 내용을 다 알 수 있다면 그것은 성경이라 할 수가 없을 것이다. 2번 읽을 필요도 없다. 1번, 2번, 10번 읽어도 깨닫기 어려운 신비가 있기 때문에 성경이고 또 반드시 읽어야 할 말씀이다. 그래서 성경은 하나님의 말씀이다.

성경은 읽고 또 읽어서 하나님이 성경을 통해 나에게 주시는 뜻이 무엇인지 깨달아 알아야 한다. 하지만 세상에 있는 신비나 성경에 기록된 신비는 사람의 지혜로는 능히 깨달아 알기 어려운 내용들이 많이 있다.

신비(神祕)가 무엇인가? 신비는 하나님의 비밀이라는 뜻이다. 하나님이 창조하신 우주 만물 속에 숨겨진 하나님의 창조의 비밀이고, 우주 만물을 경영하시는 하나님의 비밀이다. 그래서 신비(神祕)라고 하는 것이다. 하나님의 비밀이기 때문에 사람의 지혜와 상식으로는 깨달을 수가 없는 것이다. 하지만 그 비밀이 사람의 연구에 의해서 하나 하나 밝혀질 때 혹 그것이 사람의 지식이 되고, 과학이 될 수도 있는 것이다. 다시 말해 하나님의 신비가 없었다면 지식도 과학도 있을 수가 없었다는 뜻이다.

성경은 창세기 1 : 1부터 신비다. "태초에 하나님이 천지를 창조하시니라"

성경을 처음 읽는 분들 중에는 "하나님이 천지를 창조하셨다는 것을 어떻게 믿느냐? 믿을 수가 없다. 지구는 몇 10억 년 몇 100억 년에 걸쳐 생겨난 것이지 어떻게 없던 것이 있도록 창조됐느냐?" 라고 한다. 그래서 믿을 수가 없다는 것이다. 신비란 인간적인 상식이나 과학으로 이해할 수 없는 하나님의 비밀인데도 인간의 지혜로 이해하려고 하는 사람들의 생각 때문이다.

하지만 깊이 생각해 보면 몇 100억 년 걸려서 저절로 생겼다는 주장이 더 믿기가 어렵다. 몇 100억 년을 흐르는 동안 과연 없던 것이 저절로 생겨날 수 있을까? 만약 그렇게 없던 것이 생겨났다면 그것도 역시 없던 것을 있도록 창조한 것이나 다를 바 없는 이론일 수 있다. 그렇다면 어떻게 그 100억 년 전에 없던 것이 있게 된 것을 창조가 아니라고 주장할 수 있겠는가? 몇 100억 년이나 걸려서 없던 것이 있게 되었다면 그것 역시 과학적으로 맞지 않는 이론이기 때문이다. 그러한 진화론을 믿는 사람은 창조를 믿는 사람보다 더 신기한 사람들이라는 이야기다.

욥기 38 : 4에 "내가 땅의 기초를 놓을 때에 네가 어디 있었느냐 네가 깨달아 알았거든 말할지니라." 고 말씀하고 있다. 하나님께서 우주 만물을 창조하시면서 땅의 기초를 놓을 때, 네가 어디 있었느냐? 그 때 네가 존재했었느냐? 너는 없었잖느냐? 네가 만약 있었다면 말해 보라. 그런 질문이다. 지구가 우연히 생긴 것이 아니라 하나님께서 창조하셨다는 사실을 강력히 주장하시는 하나님의 말씀이다.

이 말씀은 비록 지구만이 아니라 우리들 자신도 세상에 태어나기 이전에는 없었던 존재였다. 우리가 지금 이렇게 살고 있는 것은 우리 뜻도 아니고 우리 노력도 아니고 우리 능력도 아니잖는가? 라는 뜻이다. 그렇다고 우연히 우리가 이 세상에 태어난 것도 물론 아니다. 그런 사실로도 우리는 하나님의 신비가 있음을 깨달아 알아야 될 것이다.

성경이 무엇이라 하시는가? 깨달아 알았거든 대답해 보라는 것이다. 그 때 없었으니 모르잖느냐는 것이다. 하나님의 창조 신비를 어떻게 사람이 알겠느냐 모르잖느냐, 라고 확인하는 말씀이다.

1) 하나님이 행하시는 일의 신비는 상식으로 능히 깨달을 수 없다

세상에는 참 똑똑한 사람이 많다. 그런데 그 똑똑한 사람도 자신이 왜 세상에 와 있는지 스스로 지혜와 능력이 있어서 왔는지 혹 어떤 능력자가 보냈는지는 모르고 있다. 분명 자기 뜻으로 세상에 온 것도 아니고 자기 능력으로 세상에 온 것도 아닌데 누가 보냈는지 누가 자기 생명을 주장하고 있는지를 모르고 있다는 이야기다.

성경에서 그 답을 찾는다면 분명 하나님께서 사람을 창조하셨고 사람을 세상에 있게 하셨다. 하지만 하나님의 입장에서 보면 하나님이 사람을 위해 세상을 이렇게 아름답게 창조하실 이유가 없을 것이다. 전능하신 하나님이 무엇이 아쉬워 세상과 사람을 창조하셨겠느냐. 물론 하나님이 사랑하고 교제할 대상으로 사람을 창조하셨지만, 하나님께서 왜 우주 만물을 창조하셨는지 사람의 상식으로는 하나님의 뜻을 알 수가 없다. 만약 하나님이 창조하시지 않았다면 하나님 자신도, 사람도 이렇게 죄 많고, 악한 세상 때문에 골치 썩을 일이 없을 것 아니겠는가? 하나님이 하시는 일과 그 신비를 사람의 상식으로는 깨달을 수가 없다는 이야기가 된다.

또 사람을 남자와 여자를 만드셨는데 전능하신 하나님이 왜 남자의 갈비뼈로 여자를 만드셨는지 이해가 안 된다. 아담을 흙으로 만드셨듯이 여자도 흙으로 만드시면 될 것을 왜 하필 갈비뼈로 여자를 만드셔서 사람의 의심을 사게 하셨는지도 도무지 이해가 안 되는 일이라는 뜻이다. 그것도 역시 신비다. 물론 남자와 여자의 동등한 인격과 동등한 인권을 가진 존재로 만들기 위해서 갈비뼈로 만드셨다라고 말할 수는 있을 것이다.

그 뿐인가? 세포 하나를 키워서 어떤 세포는 눈이 되게 하고 어떤 세포군은 입이 되게 하고 어떤 세포는 장기가 되도록 했다. 세포는 다 똑 같은 세포인데 세포가 자라가면서 손도 되고, 발도 되고, 귀도 되고, 간도, 심장도, 머리카락도 되게 하셨다는 것은 그야말로 신비라는 이야기다.

그렇게 자라난 세포들이 60조 이상이 되어서 사람의 몸이 되더니 생각도 하고 말도 하고 좋은 일도 하고 나쁜 일도 하게 됐다. 남녀가 서로 사랑하게도 하셨다. 아기가 나면서부터 그런 것을 계획하고 태어났는가? 아니다. 그럴 수가 없다. 그러니 왜 하나님이 그렇게 만드셨는지 깨달아 알 수가 없다는 이야기다.

또 사람은 짐승과 싸우면 질 수밖에 없다. 짐승은 발로 찢고 입으로 물어뜯는 힘이 강한데, 사람이 짐승의 힘을 당할 재주가 있겠나? 없다. 그런데 오히려 짐승이 사람을 두려워하는 것 같다. 왜 그럴까? 하나님께서 사람에게 짐승을 다스리도록 권위를 주셨기 때문일 것이다. 그런데도 하나님께서 왜 사람을 사랑하시고 왜 사람에게 권위를 주셨는지는 설명이 없다.

아들이 아버지의 마음속 생각을 알 수 있을까? 없다. 남편이 아내

올챙이가 개구리 된다는 것은 상식이다.

하지만 개구리가 올챙이 때를 모르는 것은 신비이기 때문이다.
하나님이 설계하신 DNA가 입력되었다는 것을
개구리가 어떻게 알 수 있겠는가?

의 속생각을 알 수 있을까? 역시 모른다. 하물며 사람이 하나님의 깊은 생각과 하나님의 계획을 어떻게 알 수 있겠는가? 모를 수밖에 그러니 하나님의 하시는 일을 사람이 능히 깨달을 수 없는 것이 당연하다. 이처럼 이 세상에는 사람의 상식으로 능히 깨달을 수 없는 신비로 가득 차 있다.

2) 하나님의 신비는 과학이 아무리 발달해도
능히 깨달을 수 없다

창 1 : 1에 의하면 하나님께서 시간과 공간과 물질을 창조하셨다. 시간과 공간과 물질 모두가 신비다. 사람이 시간이 무엇인지, 공간이 무엇인지 알 것 같지만 정확하게 정의를 내릴 수가 없다. 그런데 무엇인지도 모르는 그 시간이라는 것이 사람을 지배하고 있다. 시간이 흐르니까 사람이 늙고 병들고 결국 죽지 않는가? 시간이 무엇이기에 흐르는가? 시계를 안 가게하면 시간이 흐르지 않고 늙지 않을까? 하지만 시계가 안 가도 시간은 흐르고 사람은 늙고 죽는다. 그러니 시간이라는 것이 신비다. 사람이 시간이 무엇인지 아는 사람이 없다. 지금 과학이 첨단으로 발달했는데도 알 수가 없다.

공간이 무엇인지는 알 것 같은가? 우리가 차지하고 사는 공간, 이 공간도 역시 무엇인지 정확하게 정의를 내릴 수가 없다. 역시 신비이기 때문이다. 밤하늘을 한 번 보라. 신비가 보이는가? 우주 공간에는 많은 별들이 있다. 그 많은 별들이 어딘가를 향해 움직이면서도 떨어지지 않고 서로 거리를 유지하고 있다. 돌멩이 하나를 공중에 던져도 떠 있을 수가 없다. 그런데 해, 수성, 금성, 지구, 화성, 목성 등 그 모든 거대한 별들이 떨어지지 않고 공중에 떠 있다. 천문학적 지식으로 증명을 하려는 것이 아니다. 하나님의 창조에 신비가 있음을 말하려는 것이다.

여자가 왜 남자보다 오래 살까?

만드신 재료 때문일까?
남자는 흙으로 만드셨고, 여자는 남자의 갈비뼈로 만드셨으니까...
하지만 과학이 알 수 없으니 신비다.

물질은 우리 눈으로 볼 수 있다. 물질은 보이니까 물질에 관한 신비는 알 것 같은 생각이다. 우리 눈에 보이는 물질, 먹고, 마시고, 만지고, 사용하고, 얼마든지 우리 주위에 있는 것들이다. 그러니까 사람들이 물질만은 신비라고 생각하지 않을 것이다. 그런데도 사람이 지식과 지혜가 더 해가면서 물질이 무엇인지 궁금해서 연구에 연구를 더하고 있다.

물질이 무엇으로 구성되어 있을까? 4, 5세기경부터 연구에 연구를 거듭해 물질을 쪼개고 또 쪼개 보았다고 한다. 그랬더니 물질을 더 이상 쪼갤 수가 없다고 생각되는 시점에서 그 알맹이를 Atomos = 즉 Atom(원자)이라고 했다. 다시 말해서 물질은 원자로 구성 되어 있다고 결론을 지었다는 이야기다.

그 후에도 연구를 계속하면서 원자는 원자핵과 전자로 되어 있고, 원자핵은 양성자와 중성자로 되어 있다고 했다. 그 양성자와 중성자의 수에 의해서 원소의 주기율표라는 것도 만들어졌다. 그렇게 알고 있었던 것이 1930 년대 까지였다고 한다.

그 후 20세기에 들어 더 발전하면서 물질을 더 쪼개서 '쿼크(Quark)'라 부르는 알맹이가 제일 적은 입자라고 했었다. 그러더니 지금은 '힉스입자'라고 하는 것이 제일 적다고 한다.

이처럼 사람이 물질의 신비를 연구는 하고 있는데 그 물질이 왜 그렇게 만들어졌는지는 아직도 모른다. 그 신비를 사람이 어떻게 알 수 있겠는가? 그 물질을 사람이 직접 만들 수 없으니까, 사람은 물질이 무엇인지 알 수가 없는 것이다. 하지만 하나님은 물질을 창조하신 창조주시니까 하나님만이 그 비밀을 아실 것이다. 그래서 신비다.

그러한 신비는 아무리 과학이 발달해도 깨달을 수 없는 문제다. 신비의 주인이 바로 하나님이시니까. 하지만 하나님께서 그렇게 신비한 우주 만물을 창조하셨기에 과학이 거듭 발달하고 있다는 사실을 알아야 한다. 만약 그런 신비가 없었다면 과학자들이 연구할 재료가 없을 것이다. 신비가 있으니 과학이 있는 것이라는 이야기다.

3) 하나님의 신비는 아무리 지식과 지혜가 많아도 능히 깨달을 수 없다

성경이 무엇이라 말씀하는가? "비록 지혜자가 아노라 할지라도 능히 깨달을 수 없다."고 한다. 세상의 지식이 많고 지혜가 많은 사람이 누구일까? 정치, 경제, 철학, 신학, 과학, 천문학 등 공부 많이 해서 석사 박사가 된 사람들이다. 성경의 지적은 그들도 하나님의 신비는 능히 깨달을 수 없다, 알아내지 못한다고 하신다. 그러면 누가 알 수 있겠는가? 사람의 지혜와 지식으로는 아무도 깨달아 아는 사람이 없다는 단언이다. 그것이 인간의 한계다. 하나님이 창조하신 신비한 세상은 사람으로서는 능히 깨달아 알 수가 없다고, 능히 알아내지 못하리라고 성경이 단언하고 선포하시는 말씀이다. 어떻게 하면 신비를 알 수 있을까? 너희 인간들에게는 능히 깨달아 알 수 없도록 창조한 것이니 몰라도 좋다고 하시는가? 과학적 신비는 과학자들이 연구해서 알아내는데, 그 외 하나님께서 하신 신비는 모두 몰라도 되는가? 그래서 깨달아 알 필요가 없다고 하셨는가?

> 다니엘 12 : 10 "많은 사람이 연단을 받아 스스로 정결하게 하며 희게할 것이나 악한 사람은 악을 행하리니 악한 자는 아무 것도 깨닫지 못하되 오직 지혜 있는 자는 깨달으리라."

악한 자는 아무 것도 깨닫지 못하지만 지혜가 있는 자는 깨달을 것이라고 하셨다. "비록 지혜자가 아노라 할지라도 능히 깨달을 수 없다."고 하셨다. 그렇다면 깨달아 알 수 있는 지혜 있는 자가 누구일까? 그 지혜는 하나님께서 주시는 것이니 하나님께 지혜를 받은 자만이 깨달아 알 수 있을 것이다.

예수님께서는 "너희는 다 내 말을 듣고 깨달으라."(막 7 ; 14) 고 하셨다. 무슨 뜻인가? 우리는 모두 하나님과 예수 그리스도를 알아가며 믿는 자들이다. 우리는 하나님과 그의 보내신 자 예수 그리스도를 더 깊이 알아가야 하고 더 깊은 믿음으로 나아가야 될 신앙인들이다. 그러기 위해서는 말씀을 듣고 깨달아야 될 것 아니겠는가?

과학으로는 과학적으로 창조하신 신비니까 연구해서 알아갈 가능성이 있지만 우리는 믿음으로 하나님의 하시는 신비를 더 깨달아 알아가야 되지 않겠는가? 예수님께서 "너희는 다 내 말을 듣고 깨달으라."고 하시는 것이다. 하나님의 하시는 일의 신비는 몰라도 되는 것이 아니라 반드시 깨달아 알아가야 된다는 말씀이다. 그것이 성경이 오늘 우리에게 지적하고 있는 말씀이다. 하지만 우리의 능력으로는 깨달을 수 없는 것이니 우리는 마땅히 하나님께 지혜를 구해야 될 것이다.

4) 하나님의 신비는 만드신 과정을 살펴보아도 능히 깨달을 수가 없다

하나님께서 왜 우주 만물을 창조하셨을까?

영원하신 하나님이 제한 된 피조 세상을 창조하실 어떤 이유나 필요가 있으셨을까?

하나님이 창조하시지 않아도 우주의 어떤 존재가 창조를 원할 수 있겠는가?

하지만 창조 마지막 날 하나님의 형상대로 사람을 만드시고 만물을 다스릴 권한을 사람에게 주신 것을 보면 우주 만물을 창조하신 이유는 전적으로 하나님께서 자신의 사랑하실 대상을 만들기 위함이었을 것이다.

하나님께서는 사랑하는 존재가 생존할 수 있도록 모든 재료를 먼저 창조하셨던 것인가? 비록 하나님이 사랑하는 사람일지라도 생존하도록 하기 위해서는 생존에 필요한 모든 재료가 필요하기 때문일 것이다. 그렇다면 하나님이 사람의 육체를 지으시기 위해 무슨 재료를 사용하셨던가? 창세기 2장 7절에 보니까 하나님이 사람을 흙으로 지으셨다고 하였다. 이는 하나님 자신이 창조하신 땅(흙)으로부터 사람의 육체를 만들기 위해 재료를 공급하셨다는 뜻이다. 전지전능하신 하나님이 왜 흙으로 사람을 만드셨을까?

그렇다면 사람을 포함해서 모든 다른 생명체를 만드는데 필요한 재료들이 무엇일까? 우리 눈으로 확인이 되는 것들을 먼저 말한다면 우선 흙과 물 즉 물질일 것이다. 물론 물질이 있어야 보이는 육체를 지을 수 있기 때문이 아니겠는가? 그러나 피조물의 세상은 보이는 물질만으로 만들어지는 것이 아니다. 성경은 하늘과 땅에서 보이는 것들과 보이지 않는 것들도 창조하셨다고 하였다. 그러면 보이지 않는 것들 중에 피조 세상을 창조하는 데 필요한 재료는 무엇이었을까? 그것은 시간과 공간일 것이다. 그러나 그 외에도 생명체에 반드시 필요한 재료가 있다면 그것은 바로 빛에너지다.

그 네 가지 재료 즉 시간, 공간, 물질(흙과 물), 그리고 빛(에너지)이 있어야 모든 생명체가 생명체로서 세상에 보이는 존재가 될 수 있을 것이다. 그러나 사람은 그것만으로 부족한 것 같다. 사람은 하나님의 형상이요, 하나님의 사랑하는 존재이기 때문에 하나님께서 특별한 존재로 창조하실 필요가 있으셨을 것이다. 그렇다면 사람은 하나님의 형상으로 만드실 뜻이 계신데 왜 하나님의 능력으로 짐승을 만드신 방법이 아닌 특별한 창조의 능력으로 사람을 만드시지 않고 흙으로 만드셨을까?

모든 생명체를 만드시기 위해서 흙을 재료로 창조하셨다는 뜻은 깨달을 수 있는데 사람은 생명체이기는 하지만 하나님의 형상으로 창조하시기 위해서는 하나님의 특별한 지적 설계가 있으셨을텐데 왜 다른 짐승처럼 흙으로 재료를 하셨을까? 인간의 상식으로는 깨달을 수가 없다는 이야기다.

하나님의 하시는 일을 사람의 상식으로는 깨달을 수 없지만, 하나님께서 사람을 제한 된 피조물로 창조하셨다가 영원한 하늘의 소망을 갖게 하셨으니 이 얼마나 복 되고 감사한 일인가?

인생의 최종 목적이 무엇일까?

우리가 우리 자신을 창조했는가? 아니다. 우리가 스스로 세상에 오고 싶어서 왔는가? 그도 물론 아니다. 우리 자신이 우리를 창조하지 않았고, 우리 자신을 창조할 마음도 창조할 능력도 없는 존재다. 세상에 태어나고 싶은 마음조차도 생각도 없었던 존재다. 세상에 있을 이유도 우리 자신으로는 모르는 존재다. 그런데 우리가 여기 이 세상에 지금 이렇게 살고 있다.

우리는 우리 자신을 우리가 직접 창조하지 않았기 때문에 우리가 무엇을 위해 창조되었는지, 도대체 우리가 왜 세상에 사는지, 우리가 세상에 있는 진정한 목적이 무엇인지 우리 자신의 지혜로는 알 길이 없다. 때문에 우리가 왜 세상에 와서 살고 있는지, 누가 나를 세상에 보내 주었는지, 무슨 이유로 내가 세상에 있는지, 우리 삶의 목적이 무엇인지, 궁금할 수밖에 없다.

우리는 하나님이 창조해 주셔서 존재하게 되었고, 우리의 생명의 주인이 하나님이시고, 우리의 삶의 목적이 하나님으로부터 시작되었다는 사실을 알고 이해하기 전에는, 결코 우리의 삶을 이해할 수가 없다. 그것이 바로 인간이다.

쉽게 말해서 우리가 사는 것은 내가 사는 것 같지만, 사실 내가 사는 것이 아니라는 뜻이다. 하나님이 만들어 주셨기 때문에 사는 것이고, 하나님을 위해 살다가 하나님이 부르시면 죽어 하나님께로 돌아간다는 것이다. 그러기에 우리는 보내신 분의 목적에 의해 살아야하고 보내신 분의 영광을 위해서 살아야한다. 내 멋대로 살지 말고, 하나님이 정해주신 목적대로 살아야 된다는 뜻이다. 물론 인생의 목적 자체도 내가 내 뜻으로 결정하는 것이 아니다. 내 뜻으로 세상에 온 것이 아니니까, 우리 인생의 목적이 보내신 이에게 있다는 이야기다. 그런데도 세상에 왔으니 일단 세상에 와서 살고 있는 사람으로서의 목적이 있어야 한다.

만약 사람들에게, "당신 세상에 죽으려고 왔습니까, 살려고 왔습니까?" 라고 질문을 해 보라. 어떤 반응이 있을 것 같은가? 여러 가지 반응이 있을 수 있을 것이다. 아마도 "살려고 왔다." 라고 하는 반응이 제일 많을 것이다. 내 뜻으로 오지는 않았을지라도 세상에 사는 목적이 있어야 하니까, 살려고 왔다는 대답을 할 것이다. 성공적인 삶을 위해서 나름대로 훌륭한 목적을 가지고 있을 것이다.

아기가 세상에 태어난다는 것은 분명 살려고 세상에 왔을 것이다. 죽으려고 오는 것이 아니라 살려고 왔으니까, 핏덩어리 아기가 점점 자라 어른이 되는 것 아니겠는가? 아기가 세상에 태어나는 순간부터 먹고 몸이 자란다. 분명 살아가고 있다. 그런 것을 보면 사람이 세상에 오는 것은 살려고 오는 것이 분명하다. 사는 것이 목적이라는 뜻이다.

세상에 살려고 왔던 옛날 사람들이 다 지금까지 살아 있는가? 다 죽었다. 사람이 살려고 와서 아등바등하다가 결국 병들고 늙어 다 죽었다, 그런 이야기다. 아담도, 모세도, 바울도, 조지 워싱턴도, 이 승만 대통령도, 우리 할아버지들도 다 돌아가셨다. 지금 이 세상에는 그 분들 중에 살아 계신 분이 한 분도 없다. 태어나 자라서 공부하고, 결혼하고, 돈 벌고, 집 사고, 명예와 권력을 가지면서도 결국 어딜 향해 가는가? 결국 죽음을 향해 행진을 하고 있는 것이라 할 수 있다. 태어나서 하루 살면 자기 수명에서 하루가 줄어들고, 1년을 살면 수명에서 1년이 줄어들고, 10년을 살면 10년이 줄어드는 것이다.

성경에 사람의 수명이 70이요 강건하면 80이라고 했다. 만약 80년이 사람의 수명이라면 지금 80이 넘은 분들의 마음이 어떨까? 하지만 인생의 최장 수명을 하나님께서 120년으로 정하셨으니까 염려할 것은 없다. 지금 100살 넘은 사람이 얼마나 많은가.

다시 한 번 깊이 생각해 보자. 내가 세상에 사는 목적이 죽음이라야 맞을까, 생명이라야 맞을까? 옛 조상들이 다 죽었다면 인생 목적을 생명이라고 하기 보다는 죽음이라 하는 것이 더 맞지 않겠는가? 나도 결국 죽을 테니까. 내 삶의 목적이 삶이라고 하기에는 좀 의문이

관광회사는 무엇으로 돈을 벌까?

"하나님이 모든 것을 지으시되 때를 따라 아름답게 하셨고,"
하나님께서 만드신 아름다운 경치는 무료인데,
때를 따라 아름다운 경치를 사람들에게
관광시키면서 돈을 받으니까...

될 수밖에 없다. 그런데도 죽을 생각을 하는 사람이 없다. 살 생각을 하고 살려고 노력을 한다. 중병이 들어도 살고 싶어 하고, 90이 넘어도 살 생각만 하지 죽을 생각은 하지 않는다. 생의 애착이 있기 때문이다. 오히려 중병 앓는 사람이 생의 애착이 더 많은 것 같다. 사는 것이 인생의 목적이라면 살려고 하는 것이 당연할지도 모른다.

만약 인생의 목적이 죽음이라면, 70 내지 100년 살다가 죽음으로 완전히 끝이라면, 왜 그렇게 어렵게 살려고 노력을 하는가? 하기 싫은 공부해야지, 피땀 흘리며 어려운 일을 해야지, 명예와 권력을 얻으려고 노력해야지, 믿음으로 교회 출석하고, 새벽기도 해야지, 그 모든 것이 죽으면 끝일텐데, 죽으면 다 필요가 없을텐데, 왜 그렇게 어렵게 살려고 하느냐 그 이야기다. 그런데도 사람들은 내일은 좀 나아지겠지, 내년에는 좋아지겠지, 병 나으면 유럽여행 해야지, 그런 희망을 가지고 살고 있다.

그렇다면 인생의 궁극적인 목적이 무엇이라야 맞을까. 생명일까 죽음일까?

1) 하나님이 모든 것을 지으시되 때를 따라 아름답게 하셨다면...인생의 목적은 생명일 것이다

성경에 말씀하시기를 "하나님이 모든 것을 지으시되 때를 따라 아름답게 하셨다."고 하였다.

우리가 사는 이 세상은 참으로 아름다운 세상이다. 봄에는 봄대로 새싹이 돋아나고, 꽃이 핀다. 봄에는 생명이 돋아나는 것 같아 참으로 아름답다. 여름에는 여름대로 녹음이 무성하고 아름답다. 생명력이 강력하게 넘쳐나는 것 같아 아름답다. 가을은 가을대로 각종 곡식이 나고 열매가 풍성하게 열고, 우리에게 맛있는 음식을 공급하니 아름답고 풍요롭다. 겨울은 한편 쓸쓸할 것 같은데 겨울대로 아름답다. 누가 그렇게 아름답게 만드셨나? 바로 하나님이시다.

다시 말하면 세상은 봄 여름 가을 겨울 계절 따라 아름답다는 이야기다. 또 상황에 따라 위치에 따라 환경에 따라 아름답다. 그래서 세상엔 미가 있고 예술이 있는 것이다.

계절만 때를 따라 아름다운 것이 아니다. 사람도 때를 따라 아름답다. 화장을 하거나 좋은 옷을 갈아 입을 때면 참으로 아름답고 멋이 있다. 사람을 꽃보다 아름답다고 하지 않는가. 하나님께서 사람을 우수한 작품으로 만드셨기 때문이다. 우리가 사는 집도 역시 때를 따라 아름다울 수가 있다. 건축 된지가 오래 된 집은 오래 된 대로 새로 설계해서 잘 지어진 집은 새집대로 아름답다.

하나님께서 그처럼 때를 따라 세상을 아름답게 지으셨다면 누굴 위해 지으셨을까?

하나님이 세상을 아름답게 창조하셨다면 하나님께서 자신의 사랑하는 자녀인 사람으로 하여금 아름다운 세상에서 생을 누리며 기쁘게 살라고 창조하신 것이 분명할 것이다. 그렇다면 인생의 목적이 무엇이겠는가? 아름답게 지어 주신 하나님의 뜻으로 본다면 죽음이 아니라 생명일 것이다. 하나님이 목적 없이 아름답게 창조 하셨을 이유가 없기 때문이다. 하나님께서 그냥 재미로, 아니면 어떤 작품을 만들어 보려고 창조하신 것이 아닐 것이기 때문이다. 만물이 그야말로 신묘막측하고 아름답게 지어진 것을 보면 목적 없이 지으셨을 리가 없을 것이라는 이야기다.

연약한 사람도 혹 무엇을 만들든지 만들면 목적이 있어 만드는데 세상을 창조하신 하나님이 목적 없이 만드시겠는가라는 뜻이다. 사람이 예쁜 화단을 만들어 놓고 그 아름다운 화단을 보며 즐기는 것처럼 하나님도 세상을 만들어 놓고 스스로도 보시기에 좋았다고 하셨지만 사랑하는 자녀들이 보고 즐기는 것도 보시고 좋아하실 것이다. 이처럼 하나님은 아주 정확한 목적을 가지고 만드셨을 것이라는 이야기다. 하나님도 세상을 아름답게 만드셨다면 하나님 자신에게도 영광이 되고, 사람들로 하여금 아름다운 세상을 즐기면서 하나님께 감사하면서 살도록 하기 위해서 창조하셨을 것이라는 뜻이다.

혹 사람들이 화장을 하고 피부 관리 하고 멋있는 옷을 만들어 입고 집도 예쁘게 꾸민다면 누구위해 그렇게 하는가? 나와 가족과 우리의 삶을 즐겁게 하기 위해서다. 환경도 모양도 예쁘고 아름다운 가운데서 인생을 즐기기 위해서다. 그런 마음을 누가 주었는가?

하나님이 만드셨고 하나님이 주셨다.

하나님이 그토록 아름답게 창조하고 사람에게 주신 진정한 목적이 무엇인가? 생명을 누리고 잘 살라는 것 아니겠는가? 그러니까 하나님께서 사람을 세상에 보내신 목적이 무엇이겠는가? 하나님이 사람에게 아름다운 세상에서 즐겁게 생명을 누리고 살라는 것이다.

성경이 말씀하기를 "사람들이 사는 동안에 기뻐하며 선을 행하는 것보다 더 나은 것이 없는 줄을 내가 알았고 사람마다 먹고 마시는 것과 수고함으로 낙을 누리는 그것이 하나님의 선물인줄도 또한 알았도다."(전 3 : 12-13) 라고 말씀하셨다.

사는 동안에 어떻게 하라 했는가? 기뻐하며 선을 행하는 것이 좋다는 말씀이다. 또 살면서 낙을 누리게 하신 것도 하나님의 선물이라고 하셨다.

그렇다면 인생의 분명한 목적이 무엇일까?

하나님이 창조해 놓으신 세상에서 아름다움을 즐기며 선을 행하며 삶을 누리라는 뜻이고, 또한 하나님의 선물이라고 하셨다. 그렇다면 인생의 목적이 분명 생명이 아니겠는가? 그러니까 인생의 목적은 죽음이 아니라 생명이란 뜻이다. 그래서 사람은 살려고 노력하는 것이 아닐까?

2) 사람에게 영원을 사모하는 마음을 주셨다면
인생의 목적은 영원한 생명일 것이다

성경은 "사람에게 영원을 사모하는 마음을 주셨다."고 하셨다.

사람에게 영원을 사모하는 마음을 주셨다면 인생의 목적이 무엇일까? 하나님께서 사람에게 영원을 사모하는 마음을 주셨는데 인생 목적을 이 곳 이 지구에서 찾아야 될까? 이 곳 이 지구에서는 우리가 영원히 살 수 있는 곳이 아니니까 우리는 목적을 영원에서 찾아야 될 것이다. 이곳 이 지구에서는 우리가 기껏 살아야 70년 강건하면 80년이라고 성경이 말씀하시는데, 혹 하나님이 허락하시면 최장 수명 120년까지는 살 수 있을 것이다. 하지만 그 날 수를 넘을 수가 없는 곳이 이곳이다. 이 곳을 목적지로 삼을 수는 없지 않겠는가? 그렇다면 인생의 목적은 바로 영원이요, 천국일 것이다.

불신자는 영원이나 천국을 믿지 않는다. 그러면서도 금년에 장사가 잘 안 되었다든지 집안에 무슨 불길한 일이 생기게 되면 내년엔 좀 나아지겠지 그런 희망을 갖는다. 왜 그럴까? 그들에게 확실하게 미래를 보는 눈은 없지만 미래에 대한 희망이 있기 때문이다. 혹 불신자도 장례식에 가선 고인의 명복을 빈다고 한다. 왜 그럴까? 안 믿어도 사후(死後)에 있게 될 영혼에 대한 희망을 가지고 있기 때문일 것이다. 왜 그런 생각을 하고 있을까? 사람은 그 잠재의식 속에 내세가 있음을 알기 때문이다.

사람에게 내세에 대한 마음, 그런 희망을 누가 주었는가?

성경을 보니까 하나님이 주셨다. 하나님께서는 믿든, 안 믿든 간에 모든 사람의 마음에 영원을 사모하는 마음을 주셨기 때문이다. 그것이 희망이다. 안 믿는 사람은 고인의 명복을 빈다고 한다. 허나 우리 믿는 사람들은 고인의 명복을 비는 것이 아니다. 믿는 사람들은 영생 얻어 천국 가는 성도의 천국환송을 하는 것이다. 믿든 안 믿든 이 세상 복이 아니라 사후의 복을 빈다는 뜻이다

안 믿는 사람은 고인(죽은 사람)의 사후의 복을 비는 것이고, 믿는 사람은 영생을 얻어서 천국 가는 사람의 복을 비는 것이다. 고인(죽은 사람)의 복이 아니라 영생으로 천국가는 영생을 얻은 사람의 복을 빈다는 뜻이다. 천국 가는 분의 환송이니까 고인이 아니라는 이야기다.

성경에 아담 아브라함 모세 바울 모두가 죽어서 이 세상에는 없는 분들이다. 그런데도 그 분들을 고인이라 하지 않는 이유다.

인생의 진정한 목적지가 이 세상일까? 아니면 다른 곳일까? 분명한 것은 인생의 목적지가 여기, 이 지구는 아니라는 사실이다. 그러면 어디겠는가? 성경이 무엇이라 하는가? 영원이라고 했다. 바로 천국이란 뜻이다. 믿든 안 믿든 사람들이 영원한 미래를 사모하는 이유가 바로 거기에 있다. 우리 인생의 궁극적 목적지가 여기가 아니기 때문이다. 영원이고 천국이다. 인생의 최종 목적이 영원한 생명이라는 뜻이다.

3) 하나님이 하시는 일의 시종을 사람으로 측량할 수 없게 하셨다면 인생의 목적은 하나님의 손에 있다는 뜻이다

성경은 "하나님이 하시는 일의 시종을 사람으로 측량할 수 없게 하셨다."고 하셨다.

제한 된 인간이 영이신 하나님의 하시는 일을 모르는 것이 당연하다. 그런데도 하나님께서 하시는 일을 사람으로 측량할 수 없게 하셨다고 더욱 강조를 하고 있다. 인생의 목적을 내가 정할 것이 아니라 하나님 손에 맡겨야 된다는 뜻이다.

성경에 보면 선견자 또는 선지자라는 말이 있다. 그들은 하나님의 계시로 앞을 내다보고 백성들을 인도하는 사람이다. 선지자가 아니더라도 때로 앞을 내다보는 사람들이 있었다.

하지만 일반적으로 사람은 한치 앞도 볼 수 없는 존재다. 1초 후에 일도 알 수 없고, 종이 한 장이 가려 있어도 반대쪽에 누가 있는지 알 수 없는 것이 사람이다. 하나님께서는 사람을 그렇게 연약하고 무능한 존재로 설계를 하셨다.

성경이 무엇이라 하는가?

"하나님의 하시는 일의 시종을 사람으로 측량할 수 없게 하셨다."고 하셨다. 만약 뉴욕의 세계 무역 센터에 911테러가 날 줄을 알았다면 누가 그날 그 빌딩에 들어갔겠는가? 3천 명 이상 되는 사람이 한 사람도 그 날 그 시간에 테러가 날 것을 모르니까 그 화를 입은 것이다. 3천 명 중 한 치 앞을 아는 사람이 한 사람도 없었다는 이야기다.

하나님께서 왜 사람으로 하여금 한 치 앞도 모르게 만드셨을까?
미래를 알게 하셨다면 얼마나 좋았을까? 그런 생각도 해 볼 수 있다. 내일 내게 무슨 일이 일어날지 미리 알고 대처할 수 있게 하셨다면 좋을 것 같지 않았을까? 그런데 미래를 알게 했다면 모르게 한 것보다 더 문제가 많을 것이 분명하다. 생각해 보라. 하나님이 하시는 일을 우리가 모르니까 하나님이 계획하신 대로 세상이 질서 있게 운행이 되는 것이다.

만약 세상의 일이 내 손이나 내 뜻으로 된다면 세상이 어떻게 되겠는가? 제 멋대로 악행을 더 많이 할 것이 분명하다. 지구촌 74억 인구가 다 제멋대로 미래를 알고 행동을 한다면 지구가 산으로 올라가지 않겠는가? 옛 말에 선장이 둘만 돼도 배가 산으로 간다고 했는데, 74억이나 되는 사람이 다 선장이 된다면 지구가 방향을 잡을 수가 없을 것이다. 그래서 하나님의 하시는 일을 사람으로 모르게 하신 것이다. 모든 것이 하나님의 손에 달려 있기 때문이다.

이제 우리는 말세지말에 살고 있다. 우리 앞에 분명 말세가 오는데, 우리가 알면서도 모르는 아주 중대한 일이 남아 있다. 무엇인가? 마지막이 올 것은 분명 우리가 알고 있다. 그런데 그 때와 그 시기는 모르고 있다는 사실이다. 우리가 모르는 것이 오히려 다행이다.

예수님이 무엇이라 하셨는가?

"때와 시기는 아버지께서 자기의 권한에 두셨으니 너희가 알바 아니요."(행 1 : 7)라고 하셨다. 우리 모두의 마지막도 하나님의 손에 있다는 뜻이다.

결국 인생의 목적이 죽음이 아니라 생명인 것은 분명하지만, 그 목적까지도 우리에게 있는 것이 아니라 하나님의 손에 있다는 사실을 알아야 된다.

4) 하나님께서 사람의 건강을 위해 면역력과 자생력을 주셨다면 **인생의 목적은 건강한 삶일 것이다.**

하나님께서 사람을 창조하셨을 때 사람에게 병이 있었을까? 성경은 아담에게 병이 있었다든가 병이 발생 했었다는 말씀이 없다. 병(病)이 없었다는 뜻이다. 그런데 어느 때부터인지 사람에게 병이 찾아왔다. 하지만 당시에는 지금처럼 의료행위로 병을 고치는 의사도 병원도 없었다. 하나님께서 치유할 수 있는 방법을 주셨거나 자연치유가 되도록 하셨을 뿐이다. 지금과 같은 발전된 치유방법이나 의약품이 없었기 때문일 것이다. 그런데도 병이 사람의 몸에 들어오면 병은 치유가 되었을 것이다. 하나님께서 자생력과 면역력을 사람의 몸에 넣어 주셨기 때문이다. 그렇다면 인류 역사에 자생력과 면역력이 먼저일까, 아니면 병이 먼저일까?

하나님이 만물을 창조하시고 사람을 창조하셨을 때는 사람에게 병이 없었을 것이 분명하다. 그 때는 공기도 물도 땅도 오염이 없었을 것이기 때문이다. 하나님이 사랑하는 사람을 창조하실 때 질병도 함께 주셨을 이유가 없기 때문이다. 사람을 병이 없도록 창조하시면서도 하나님께서는 사람에게 병에서 회복하거나 병을 이길 수 있는 힘을 먼저 주셨다. 그것이 바로 자생력과 면역력이다. 아기가 태어날 때 부모로부터 받은 바로 그 면역력과 같은 힘이다.

아기는 태어날 때 병이 없이 태어날 것이다. 물론 예외가 있을 수는 있다. 모태에서 얻은 병이 있을 수 있기 때문이다. 아기가 모태에서 얻어 가지고 출생하는 병은 부모나 조상에게서 얻은 병일 것이다.

예를 들어 부모가 알콜 중독이나 마약, 아니면 담배, 그렇지 않으면 유전된 병이 있기 때문이다. 그 외에도 요즘은 환경 호르몬이나 각종 오염으로부터 오는 질병이 있을 수도 있다. 그런 원인이 아니라면 모태로부터 태어나는 아기는 병이 있을 이유가 없을 것이다. 이처럼 아기는 병이 없이 태어나는 데도 스스로 병을 치유할 수 있는 능력을 가지고 태어난다.

자생력과 면역력

무엇인가? 자생력과 면역력이다. 병이 들어와도 스스로 병에서 회복할 수 있는 능력과 병과 싸워 이길 수 있는 힘이다. 다시 말하면 병이 오기도 전에 치유할 수 있는 힘을 먼저 준비하고 태어났다는 뜻이다.

하나님은 왜 사람에게 그런 자생력과 면역력을 병이 발생하기도 전에 미리 주셨을까?

모든 생명체에게 생육하고 번성하라고 복을 주신 하나님께서 앞으로 수 천 년의 역사가 흐르게 될 것을 아셨을 것이다. 그렇게 긴 역사 동안에 생명체의 수가 증가할 것도 아시고, 생명체들의 수가 증가하면서 공기가 오염될 것도 아셨을 것이다. 또한 물이 오염될 것이며 땅이 오염될 것도 아셨을 것이다. 그렇게 자연이 오염이 되면 생명체들의 먹거리가 오염될 것이 분명하기 때문에 그에 따라 각종 질병도 나타날 것을 아셨기 때문일 것이다. 전지전능하신 하나님이 그러한 사실을 아시고 병이 오기 전에 치료할 수 있는 힘을 먼저 주신 것이라 생각된다.

하나님께서 병을 치유할 수 있는 면역력을 먼저 주셨는데, 왜 질병의 숫자는 점점 더 늘어가고 있을까? 병이 도대체 무엇일까? 병이란 생명체의 생명현상에 영적, 정신적, 육체적으로 이상 증세가 와서 몸의 평안이 깨진 상태라고 할 수 있지 않을까. 그런 현상이 생기는 이유는 생명체가 피조물이기 때문이다. 생명체는 창조주가 정하신 질서와 법을 충실하게 지키면서 산다면 병이 생길 이유가 없을 것이다.

이처럼 병보다 자생력과 면역력을 먼저 주셨다면 인생의 목적을 생명에 있게 하시려고 주셨을 것이 분명하다.

사람이 질서와 법을 지키지 못한 그 첫 번째 예가 하나님께서 먹지 말라하신 선악과를 사람이 먹었다는 사실이다. 그래서 평안이 깨진 상태로 여자에게는 산고의 고통이 오고 남자에게는 얼굴에 땀을 흘려야 소산을 얻게 되는 피로가 온 것이다. 그 후 인류의 문명이 발달하고 사람의 욕심이 증가하면서 깨끗하고 편리한 문화를 추구하다보니, 문명에서 오는 부산물과 욕심에서 오는 범죄가 생명현상에 병적 이상을 초래하게 된 것이 아닐까?

그런 와중에도 의술은 계속 첨단으로 발전하고 있다. 머지않아 질병을 완전 정복이라도 할 듯하다. 과연 의술이 병을 정복할 수 있을까? 그렇다면 병을 치유하는 힘이 의술일까, 면역력일까?

분명한 것은 병보다 먼저 있는 면역력이 사람에게 없다면 의술이 아무리 발달해도 병을 치유할 수가 없을 것이다. 하지만 하나님께서 인간 사회에 의술을 발달하게 하시고, 자생력과 면역력을 주신 은혜로 사람의 수명이 더 길어지고 있다면 인생의 목적은 분명 생명에 있을 것이다.

04
Chapter

하나님의 우주 경영

　사람들 중에는 생각하기를 우주 만물은 저절로 생겨났고 저절로 돌아간다고 생각한다. 과연 우주 만물이 저절로 생겨났고 저절로 돌아가고 있을까?

　우주 만물이 저절로 돌아가고 있는지 관심을 가지고 살펴보라. 우주 만물은 저절로 돌아가는 것이 아니라 법과 질서를 지키며 돌아가고 있다는 것을 알 수 있을 것이다. 세상에 저절로 생겨난 어떤 것이 질서를 지키는 것을 보았는가? 그것은 상식으로도 맞지 않는 말이고, 과학적으로도 맞을 수 없는 일이다.

　가정이든지 회사든지 국가든지 공장이든지 질서 있게 돌아간다는 뜻은 올바른 주인이 있다는 뜻이다. 마찬가지로 우주 만물이 질서 있게 돌아가는 이유는 창조하신 하나님께서 우주가 그렇게 돌아가도록 설계하셨고 또 운행하시고 계신다는 뜻이다. 하나님은 우리 눈으로 뵐 수 있는 분은 아니다. 뵐 수 없는 분이 하시는 일이기에 그 하시는 일도 우리가 볼 수 없는 것이다. 하나님께서 자신의 능력으로 우주를 돌아가게 하시는 것을 사람들의 눈에 보이도록 하시지 않는다는 뜻이다. 즉 하나님의 우주 경영방법이 사람이 느낄 수 없도록 하신다는 이야기다. 이 우주가 돌아가기는 하는데 누가 돌아가게 하는지 모를 뿐 아니라, 사람들의 눈에 저절로 생겨났고 저절로 돌아가는 것처럼 보인다는 사실이다.

우선 태양계를 보라. 태양계의 모든 행성이 해를 중심으로 해(태양) 주위를 돌아가고 있다. 해 자체도 둥글다. 모든 행성들도 둥글다. 그 둥근 행성들이 모두 질서 있게 해 주위를 돌고 있다. 그 중 지구도 달도 둥글다. 지구는 스스로 하루 한 번 돌고(자전), 해 주위도 1년에 한 번 돌고(공전) 있다. 또 달은 지구 주위를 돈다. 그것도 모든 행성이 공중에 떠 있는 상태에서 질서 있게 돌고 있다는 것이다.

그에 따라 계절도 어김없이 돌아간다. 봄 여름 가을 겨울이 어김없이 돌아간다. 그것도 한 번으로 그치는 것이 아니다. 매년 똑 같은 방법으로 돌아가면서 변한다. 그렇게 계절이 돌아가니 식물도 계절 따라 싹도 나고 열매 맺으며 돌아간다. 그런 것이 과연 우연으로 되는 것일까? 만약 우주 만물이 우연히 만들어진 것이라면 우주 만물이 그렇게 질서 있게 돌아갈 이유가 없을 것이다.

인생도 돌아간다. 창세기 3 : 19에 보라.

"네가 흙으로 돌아갈 때까지 얼굴에 땀을 흘려야 먹을 것을 먹으리니 네가 그것에서 취함을 입었음이라 너는 흙이니 흙으로 돌아갈 것이니라." 라고 하셨다. 흙이니 흙으로 돌아갈 것이라는 말씀이다. 사람의 몸은 흙으로 되어있다. 흙이 사람이 됐으니 완전하겠는가? 흙으로 된 아기는 똥 오줌도 가릴 수 없고 스스로 몸도 가눌 수 없는 상태였다. 그런데 흙으로 된 사람이 살다 흙으로 돌아갈 때 어떤 모습인가? 흙에서 왔을 때 완전치 못한 상태였는데 흙으로 돌아갈 때도 역시 완전한 모습이 아니다. 똥 오줌 못 가리고 스스로 몸도 가눌 수 없는 상태로 죽어 흙으로 돌아간다. 인생도 결국은 돌아간다는 사실이다. 그런 것이 자연히 그렇게 되는 것이냐 하면 아니라는 것이다. 그것도 하나님이 우주를 운행하시는 방법이다. 즉 돌아가게 하는 하나님의 운영 방법이다.

만약 사람이 만든 공장을 사고 없이 돌아가게 하려면 주인이 경영을 잘 해야 질서 있게 돌아갈 수 있을 것이다. 주인이라면 공장이 어떻게 만들어 졌는지를 잘 알기 때문에 공장을 잘 운행 할 수 있을 것이라는 이야기다. 하지만 이 거대한 우주가 만드신 주인이 없다면 저절로 질서 있게 돌아갈 수 있을까? 만약 만드신 주인이 없다면 우주와 만물은 질서 있게 운행이 될 수가 없을 것이다. 그렇지만 우주 만물은 창조하신 분이 하나님이시고 하나님이 주인이시니까 주인 되시는 하나님이 운행(돌아가게)하시고 계신다면 질서 있게 돌아갈 것이 분명하다. 하나님은 사람처럼 제한이 되신 분이 아니고 전지전능하신 분이시기에 그 능력으로 우주를 운행하시고 계시다는 뜻이다. 분명한 사실은 사람이 볼 수도 없고, 알 수도 없고, 느낄 수도 없는 방법으로 운행하신다는 사실이다. 그래서 저절로 돌아가는 것 같다는 이야기다.

만약 창조하신 하나님이 우주 운행을 하지 않고 계시다면 우주는 어떤 현상이 일어날 것 같은가? 돌아가던 공장을 주인이 멈추게 하면 그 시로 모든 생산과정이 멈추고 공장의 문을 닫아야 하는 것처럼 하나님이 우주의 운행을 멈추시면 그 순간 우주도 종말을 맞이하게 될 것이다. 태양계의 모든 행성은 다 태양으로 끌려들어가 소멸될 것이고 지구에 있는 모든 생명체도 다 사멸하고 흔적도 없어질 것이다.

　하지만 우주와 만물이 이렇게 아름답게 유지되고 있다는 사실은 우리 하나님께서 그 지혜와 능력으로 운행하고 계시기 때문이다. 우주가 잘 운행이 된다는 사실은 우리가 눈으로 보고 경험하는 사실 아닌가? 천체가 돌아가면서 언제 사고라도 있었던가? 우주 공간에 있는 그 많은 별들이 언제 궤도를 이탈해서 우주 운행이 멈출 만큼의 사고를 냈던가? 그런 일이 전혀 없었다. 우리 하나님의 우주 경영은 한 점의 오차도 허락하시지 않는다. 그 분이 바로 우주와 만물과 사람을 창조하신 주인이시고 우리 하나님이라는 사실이다.

　그 능력의 하나님이 우주가 잘 돌아가도록 우주 운행하시는 어떤 또 다른 특별한 방법들도 있으실 것이다. 그 우주 운행의 방법들이 무엇일까?

1) 우주 만물은
하나님의 약속으로 운행된다

약속이 무엇인가? 약속이란 장차 되어질 일을 미리 정하고 서로 변하지 않기로 맹세하는 것이 아니겠는가? 그러니까 진정한 약속은 서로 약속한 대로 지켜져야 하고 그대로 이루어져 가야 된다는 것이다.

하나님의 약속은 무엇이며
사람들의 약속과 어떻게 다른가?

사람의 약속은 사람과 사람 사이 즉 쌍방 간에 하는 약속이지만, 하나님의 약속은 하나님이 사람에게 주시는 약속이 있는가하면, 하나님과 하나님 자신이 하시는 약속이 있고, 하나님과 자신이 창조하신 자연에게 하시는 약속이 있을 수 있다. 왜냐하면 하나님이 자신이 창조하신 우주 만물을 자신의 계획대로 경영하실 목적이 있으시기 때문이다.

하나님이 사람에게 주시는 약속은 주로 사람에게 필요한 것, 사람에게 유익한 것, 사람에게 교훈이 되는 것, 사람이 반드시 지켜야 할 말씀 등이 있다. 그런 약속들에는 하나님께서 아브라함에게 가나안을 주시겠다는 언약이 있고, 인류에게 교훈과 유익을 주시기 위한 계명 등이 있다. 그리고 인류 구원을 위해 예수 그리스도를 보내시겠다

내가 약속을 지키지 않으면…

사람이 약속을 지키지 않으면 일이 틀어지겠지?
사람이 약속한 것도 안 지키면 일이 틀어지는데,
하나님의 약속이 지켜지지 않으면 우주의 운행이 틀어지지 않을까?
하나님의 약속은 절대 변하지 않는 이유다.
하나님은 변하지 않는 그 약속으로 우주를 경영하신다.

는 약속도 있고, 영생에 대한 약속도 있고, 하늘나라의 약속도 있다.

하나님이 하나님 자신과 하신 약속도 있고, 하나님이 자연과 하신 약속도 있다. 그러나 그 때는 사람을 창조하시기 이전인 고로 약속할 대상인 사람이 없는 상태이기 때문에 하나님이 스스로 자신과 약속을 하실 수밖에 없으셨을 것이다. 하나님 자신이 스스로 우주 만물을 창조하실 계획을 하셨고 우주의 경영도 어떻게 경영하실 것인지 계획이 있으시기 때문에 하나님 스스로 자신과 약속하실 수밖에 없으셨던 것이라 할 수 있다. 하지만 하나님께서 사람이 없을 때에 스스로 약속하셨던 것들도 결국 사람을 창조하신 후에 가서는 사랑하는 사람에게 새롭게 약속으로 주어지는 것도 있다.

예를 들어 사람을 창조하시기 이전에 창조 셋째 날 하나님께서 "땅은 풀과 씨 맺는 채소와 각기 종류대로 씨 가진 열매 맺는 나무를 내라 하시니 그대로 되어"(창 1 : 11)라고 하셨다. 하나님이 스스로 땅에게 하신 약속이다. 과연 그 약속이 지금도 이루어지고 있는가? 물론이다. 창조이래로 지금까지 땅은 하나님의 그 약속을 어기지 않고 종류대로 채소와 열매를 맺고 있다. 그 약속은 사람을 창조하시기 이전에 땅에게 약속한 것이지만 결국 사람을 창조하신 후에 사람의 먹거리로 주시기 위한 것이었다. 즉 하나님 스스로 약속하신 것이지만 결국은 사람에게 그 약속의 혜택이 돌아가고 있다는 이야기다. 그 약속이 결국 사람과 새롭게 약속한 것처럼 사람에게 약속대로 먹거리가 주어지고 있다는 뜻이다.

그 약속은 창세기 1 : 29에서 확인할 수 있다. "하나님이 이르시되 내가 온 지면의 씨 맺는 모든 채소와 씨 가진 열매 맺는 모든 나무를 너희에게 주노니 너희의 먹을 거리가 되리라."고 말씀을 하셨다. 사람이 창조되기 이전에 하나님 스스로가 땅과 약속하신 것이었지만 사람을 창조하신 후 사람에게 먹을거리로 주시겠다고 새롭게 약속을 하신 것을 볼 수 있다.

또 성경에 "땅이 있을 동안에는 심음과 거둠과 추위와 더위와 여름과 겨울과 낮과 밤이 쉬지 아니하리라."(창 8 : 22) 라는 말씀이 기록되어 있다. 하나님께서 지으신 만물은 자연의 섭리 하에 경영이 된다는 뜻이다. 그 경영하시는 일이 쉬지 않겠다는 뜻이다. 하나님께서 자연과 하신 약속이지만 약속대로 "쉬지 아니하리라."는 말씀이다. "심음과 거둠" "추위와 더위" "여름과 겨울" "낮과 밤" 이러한 자연의 현상들이 쉬지 않고 계속 될 것이라는 뜻이다. 하나님께서 자연을 경영하시는 자연섭리라 할 수 있다.

이 말씀에서 깊이 생각할 말씀은 "땅이 있을 동안에는"이다. 무슨 뜻인가? 땅이 존재하는 동안만 하나님의 약속이 지속될 것이라는 뜻이다. 땅이 없어질 때가 온다는 뜻으로 받아 들여야 될 것이다. 땅이 없어질 때 무슨 현상이 일어나겠는가? 땅이 있을 동안이라는 기간이 끝나면 즉 땅이 없어지면 약속하신 자연의 섭리가 끝나게 된다는 뜻이다. 그렇게 되면 그것이 바로 땅의 종말이라 할 수 있다. 즉 종말을 예고하신 말씀이라 할 수 있는 것이다. 하나님이 지구 경영은 땅이 있을 동안까지만 지속한다는 뜻이다.

2) 우주 만물은
하나님의 생명력으로 운행된다

하나님은 빛이요 생명이시다. 우주 만물의 생명은 하나님께서 주신 것이고, 하나님이 생명의 주인이시다. 그러기 때문에 우주는 주인 되시는 하나님의 생명력으로 운행되고 경영이 된다는 사실이다. 우주 만물에 하나님께서 생명을 공급하시기 때문에 그 생명력으로 돌아가고(운행) 있다는 뜻이다.

필자는 하나님께서 지으신 이 세상의 모든 만물이 다 생명을 가지고 있다고 생각한다. 우리가 보기에 살아 있다는 생명체들도, 살아 있지 않은 무생물이라는 것들도 모두가 생명을 가지고 있다는 이론이다. 그래서 그 생명을 크게 나눠서 세 가지로 구분할 수가 있다.

첫째는 창조주 의존적 생명(무생물)이다

우리가 생명체가 아니라고 하는 물질(무생물)도 생명이 있다는 이론이다. 움직이지도 못하는 물질이 무슨 생명이 있을까? 물론 무생물은 그 단어의 뜻처럼 생명이 없는 물질에 불과한 것들인 것만은 사실이다. 하지만 그 무생물들도 우주 안에서 한 자리에 머물러 있는 것이 아니라 계속 움직이고 있다. 태양계 전체도, 지구도, 달도 한 자리에 그대로 있는 것이 아니라는 뜻이다. 생명활동을 하는 것은 아니지만, 자전을 하고 공전을 한다. 그래서 생명이 있다고 한 것이다.

그렇다면 무생물이 어떻게 움직일까? 물론 무생물체니까 스스로 움직이는 것은 아니다. 하나님께서 창조하실 때 움직이도록 설계하셨기 때문에 움직이는 것이다. 그 물질들이 가지고 있는 생명은 조물주에 의해 운행이 되는 조물주 의존적 생명이라 할 수 있다는 이야기다. 그들은 과학자들이 말하는 생명활동은 못하는 존재인 것만은 사실이다. 그러나 그들도 하나님께서 우주 만물을 운행하시는 계획대로 움직이고 있다는 것만은 분명하다. 그들의 생명은 하나님이 살아 계셔서 운행하시는 한 움직이고 하나님이 운행을 중지하시면 그들의 생명도 끝이 난다는 이야기다.

예를 들어 태양계는 하나님이 운행을 하시니까 운행(돌아간다)이 되고 있는 것이다. 해는 해대로 빛과 열을 발산하고 모든 행성은 해를 중심으로 공전을 쉬지 않는다. 죽은 존재라면 움직일 수 있겠는가? 살아 있으니 움직이는 것이다. 그러나 스스로 살아서 움직일 수 있는 것이 아니라 하나님이 움직이도록 운행하시는 한 움직일 수 있다는 사실이다. 그래서 하나님 의존적 생명이라 이름을 붙인 것이다.

물질의 최소단위인 원자의 운행도 하나님의 하시는 일이라는 말이다. 핵, 양자, 중성자, 중간자, 전자들의 움직임도 하나님이 운행하시니 생명체처럼 움직이고 있고, 생명이 있다고 생각하니 에너지가 있고 중력이 있는 것이다. 산소가 수소를 만나면 물이 되고 물에 열을 가하면 수증기가 된다. 산소가 탄소를 만나면 탄산가스가 된다. 생명이 있어서 그런 작용을 하는 것은 아니다. 하지만 스스로 행동을 하지 못하기 때문에 전적으로 하나님의 창조의 뜻에 의해 움직이고 있는 것이다. 그것이 바로 하나님 의존적 생명인 것이다.

둘째는 피동적 생명(식물의 생명)이다

우리가 식물이라고 하는 생명은 피동적 생명이라고 할 수 있다. 하지만 식물도 스스로 옮겨 다니지 못하는 것은 무생물이나 다름이 없다. 식물들은 스스로 어디든지 이사 다니면서 살 수 있는 생명이 되지를 못한다는 뜻이다. 한 군데, 한 자리에서 났으면 거기서만 자라고 거기에서만 생명활동을 할 수밖에 없는 존재다. 거기서 꽃 피고 거기서 열매 맺고 그러다 가을이면 잎이 떨어지고 봄에 다시 싹이 난다. 그러나 분명한 것은 그 안에 생명이 있어 생명활동을 하고 있다. 자신과 똑 같은 개체(후손)을 만들고 탄소동화작용을 한다.

하지만 식물도 옮겨 다니면서 후손을 번식하는 그들만의 방법이 있다. 꽃이 지고 씨가 익어 가면 바람이 불 때 바람을 타고 멀리 옮겨가 씨를 번지게 하는 방법이다. 때로 물의 흐름을 따라 움직일 때도 있고 동물들의 몸에 붙어 멀리 옮겨 갈 수도 있다. 여하튼 식물은 살아 있으나 움직이면서 생명활동은 못한다는 사실이다. 그래서 피동적인 생명이라 할 수 있다는 것이다.

셋째는 능동적 생명(동물의 생명)이다

동물의 생명은 능동적 생명이라 할 수 있다. 제 마음대로 움직이고 옮겨 다니면서 살 수 있는 생명이다. 자신이 먹이를 찾아다니며 먹고 살고, 적을 만날 때 자신이 약하다 생각되면 피하고 도망한다. 자신이 강하다 생각하면 공격해서 잡아먹고, 계절에 따라 옮겨 다니며 살기도 한다. 스스로 생각하면서 살아갈 연구도 한다. 때로 집을 짓고 살기도 하고 굴을 파고 굴 속에서 살기도 한다. 때가 되어 성숙해지면 생육하고 번성하는 일도 한다. 자신의 자식을 낳고 돌보고 보호하고 그래서 능동적 생명이라 하는 것이다.

하나님께서 지으신 모든 생명들 중에 제일 귀한 생명이 사람의 생명이라고 예수님께서 말씀을 하셨다. 하지만 그 모든 생명들은 그들 스스로는 그 생명을 공급하는 근원을 알지 못한다는 사실이다. 자기가 어디서 와서 어디로 가는지도 모르고 왜 왔다가 죽는지도 모른다. 스스로 자신이 어떻게 생명체로 존재하게 되었는지를 모른다는 이야기다.

생명체인데 왜 자기 자신이 어떤 존재인지 그 근본을 모를까?
생명체 중에서 제일 으뜸인 생명체가 사람인데도 사람마저도 스스로 존재할 수 있는 생명체가 되지 못한다. 자기 자신의 의지로 세상에 온 것이 아니기 때문이다. 그러니까 자신의 근본을 모를 수밖에 없는 것이다.
조물주 의존적 생명이든지 피동적 생명이든지 능동적인 생명이든지 모두가 하나님이 만드셨고 하나님의 운행에 의해 생명활동을 할 수밖에 없는 존재다. 하나님이 만들어 주셔야 생명으로서 기능을 할 수 있다. 어느 때든지 하나님이 운행을 중지하면 그 즉시 생명의 기능을 중지 할 수밖에 없기 때문이다. 그것은 조물주 의존적 생명이든 피동적 생명이든 능동적 생명이든 마찬가지다.

　결국 하나님의 우주 만물의 운행 방법 중 하나가 우주의 주인이신 하나님이 생명활동을 통제하고 계신다는 사실이다. 그러니까 결국은 식물이든 동물이든 심지어 무생물이라고 하는 것들까지도 하나님이 운행하셔야 생명활동을 할 수 있다면 그 모두가 하나님 의존적 생명이라고 할 수도 있다는 사실이다. 하나님은 하나님이 공급하시는 생명력을 통해서 우주 만물을 운행하신다고 할 수 있다는 뜻이다. 즉 우주 만물은 하나님의 생명력으로 돌아가고 있다는 이야기다.

3) 우주 만물은
관계성으로 유지되고 운행된다

우리가 사는 사회와 우주 만물을 자세히 들여다보면 모든 것이 어떤 관계를 이루고 있다. 가정도 사회도 국가도 심지어 세포도 사람이나 동물의 몸 속에 있는 장기들도 모두가 서로 연결이 되어 있고 관계를 이루고 있다는 것을 알 수 있다. 결국 우주 만물은 그 관계를 떠나서는 존재할 수가 없는 것 같다.

사람은 하나님과의 관계가 없으면 세상에 존재할 수가 없을 것이고, 부모와의 관계가 없으면 세상에 태어날 수도 없을 것이다. 또 세상에 태어난 후에는 자연스럽게 형제와 관계를 이루게 되고 가족과 관계가 되고 친척 친구와 또 국가와 관계를 이루고 있는 것이다.

그 "관계"라는 것이 과연 무엇일까?

"관계"라고 하는 것은 우리 눈에 보이지는 않는다. 서로 연결되어 있기는 하지만 연결된 끈이 있는 것이 아니기 때문이다. 그런데도 하나님이 창조하신 피조 세계는 모두가 그 "관계"로 연결되기도 하고, "관계"로 유지되기도 하며, "관계"로 존재하기도 한다. 무엇보다도 그 관계성으로 우주와 만물이 돌아가고 있다는 사실이다.

예를 들어 하나님과 나와의 관계는 창조주와 피조물의 관계, 주인과 종의 관계, 아버지와 자녀의 사랑의 관계 등으로 연결되어 유지되고 있다. 그러니까 나라고 하는 존재는 하나님이 창조하시지 않았다면 존재할 수가 없었다.

또 부모와의 관계는 부모와 자식의 유전 관계, 혈통의 관계, 족보의 관계, 사랑의 관계다. 역시 부모와의 관계가 없으면 나는 이 세상에 태어나 존재할 수가 없다.

생명체의 최소 단위의 세포도 세포핵과 세포질이 세포막으로 싸여있고 세포질에도 여러 기관이 있으며 특별히 세포에는 유전자(DNA)가 있어 자신을 복제하는 기능을 할 수가 있다. 세포에 어느 한 기관이라도 부족해서 관계가 없어지면 그 세포는 존재할 수가 없다는 사실이다.

사람의 몸도 마찬가지다. 60조가 넘는 세포가 합쳐서 몸을 이루고 있는데 그 세포들이 이루는 몸의 모든 장기가 하나라도 없으면 완전한 사람이라 할 수 없다. 모든 장기가 서로 올바른 관계를 이루어야 사람으로서의 기능을 다 할 수 있기 때문이다.

태양계도 관계가 끊어지면 어떤 상황이 일어날지 모른다. 모든 행성은 태양을 중심으로 공전을 하므로 서로 인력으로 유지하고 있는 것이다. 그 관계가 끊어지면 태양계 역시 존재가 불가능한 것이다.

이처럼 우리 하나님은 모든 우주와 만물을 관계로 묶어 놓으시고 관계가 끊어지지 않도록 하심으로 우주와 만물을 운행하신다는 사실이다. 하지만 하나님이 관계로 묶어 놓으신 그 관계가 올바르게 묶여 있지 않다면 때로 문제가 생길 수 있다.

세상에 어떤 것 하나도 "관계"가 없는 것은 없다.

그런데 관계로 유지되기 위해서는 관계가 정확하고 올바른 관계라야 된다. 그러기에 그 관계가 정확하지 않거나, 관계가 올바르지 않거나, 관계가 끊어지면 세상에 존재하는 것들은 분명 그 존재자체도 질서도 형체도 없어질 수밖에 없다.

사람은 우선 하나님과의 관계성으로 세상에 태어난다. 하나님은 창조주요, 사람은 피조물이다. 창조주와 피조물의 관계, 주인과 종의 관계다. 또한 하나님과 사람의 관계는 생명의 관계요, 사랑의 관계다. 하나님과 사람의 관계는 아버지와 자녀의 관계이기 때문에 하나님을 닮은 존재로 태어나게 되는 것이다. 종류의 관계가 아니라 유전의 관계다. 사람이 하나님과 그러한 관계가 아니면 사람은 하나님을 닮은 올바른 생명과 인격을 가진 존재로 태어날 수가 없을 것이다. 하지만 정확하고 올바른 관계라야 질서있게 유지되고 운행이 될 수 있다는 이야기다.

태양과 지구는 일정한 거리를 유지하면서 지구는 공전과 자전을 하고 있다. 하나님이 정하신 그 거리가 조금이라도 멀거나 가까우면 지구의 공전도 자전도 불가능하다. 또 태양이나 지구의 무게가 조금만 달라도 태양과 지구의 관계는 끊어지게 마련이다. 관계가 정확해야 된다는 뜻이다. 만약 그 관계가 정확하지 않거나 관계가 끊어지면 지구의 존재 자체가 사라지게 될 것이 분명하다는 이야기다. 지구가 태양과의 관계가 없이 스스로 공전이나 자전을 할 수가 없기 때문이다. 관계가 정확하고 올바르게 유지해야 된다는 뜻이다.

하나님이 사랑하시기 위해서 창조된 사람에게 있어서는 특별히 "올바른 관계"가 중요하다. 자식은 부모와의 관계성으로 태어나게 된다. 그래서 가정에는 부자관계, 모자관계, 부녀관계, 형제관계 등 관계성이 이루어진다. 관계를 갖지 않고 가정의 식구로 세상에 태어나는 사람은 아무도 없다. 마찬가지로 친척 간에는 친척관계, 친구 간에는 친구관계, 직장에서는 상하 좌우 관계, 학교에서는 교수와 제자의 관계, 선후배의 관계 등 다양하다. 하지만 그 관계들이 정확하고 올바르지 않으면 인간 사회에 질서와 법이 없어지게 될 것이다. 그래서 하나님께서 사람에게는 양심이라는 것도 마음에 넣어 주신 것이다.

그러한 관계를 누가 만들어 주는가?

사람이 스스로 만들어 갖는 관계도 있고, 하나님이 만들어 주시는 관계도 있다. 그렇지만 사람이 지혜나 능력이 있어서 스스로 만들어 가지는 것이 아니다. 물론 사람이 살아가면서 스스로 만들 수 있는 관계도 있다. 부부관계가 그 한 예다. 그러나 관계의 근원은 하나님에게 있다. 다시 말하면 하나님께서 모든 피조물에게 그런 관계성의 존재로 창조하셨기 때문이라는 이야기다. 그 관계를 올바르게 유지해야 된다.

문제는 올바르게 묶여져 있는 관계가 끊어지면 존재 자체가 불가능할 때도 있을 수 있고, 질서를 유지할 수도 없고, 법을 지킬 수도 없고, 때로 사망이나 종말을 맞이할 수도 있게 된다. 관계가 끊어지면 우주를 운행하시는 하나님의 영역에서 이탈이 되어 하나님과는 무관하게 되어 우주 만물에서 쓸모없는 존재가 될 수도 있다는 사실이다. 혹 태양계의 모든 행성이 태양과 올바른 관계를 유지하지 못하게 된다면 어떤 현상이 일어나겠는가? 그것은 말할 필요도 없는 것이다.

사람이 사람의 뜻으로 혹 관계를 만들어 가질 때, 관계의 근원이신 하나님과의 관계를 무시하고 하나님이 원하시지 않는 다른 존재들과 하나님이 원하시지 않는 다른 방법으로 관계를 맺는다면 어떤 결과가 오게 될까? 올바르고 정확한 관계가 아니면 분명 존재 자체도 보장할 수 없지만, 하나님의 진노를 사게 될 수도 있을 것이다.

예를 들어 사람이 하나님과의 관계를 거부하고 우상과 관계를 맺을 수가 있다. 우상과 관계를 맺는 것은 분명 하나님이 원하시지 않는 관계임에 틀림이 없다. 하나님의 뜻을 무시한다면, 하나님이 정해주신 "관계"를 이탈했기 때문에 하나님과의 관계가 끊어지게 되니까 그 결과는 하나님의 진노를 면치 못할 것이 분명하다는 이야기다.

사람을 관계성의 동물이라고 하지 않는가?
"관계"가 중요하다. 그래서 "관계"는 정확해야 된다.
하나님께서는 모든 피조물을 하나님과의 관계, 피조물들 간의 관계를 맺어 주심으로 우주 만물을 운행하신다는 사실이다. 우주는 관계성으로 돌아가고 있다는 뜻이다.

4) 하나님은 만물을
생성과 소멸의 법으로 운행하신다

우리가 사는 지구에서는 창조 이후로 수천 년 동안 식물도 동물도 사람도 그 외에 많은 물질이나 물건들도 계속해서 생산되었거나 소멸 되었다. 그 분량이 엄청날 것이다. 사람만을 생각해 보더라도 창조 때 하나님께서는 인류의 시조 아담 한 사람을 창조하셨다. 그런데 현재 지구 인구가 얼마나 되는가? 74억 명이 넘었다. 하나님의 창조 이후로 수 천 년 동안 태어났다 죽은 사람은 계산에 넣지 않더라도 엄청난 인구가 지금 지구에 살고 있다는 뜻이다.

창조 후 처음에는 물론 아담 한 사람뿐이니까 인구 증가가 미미 했겠지만, 현재 세계 인구가 매년 증가되는 것을 보면 1년에 7천만 내지 1억이 증가한다. 그 수치를 창조 이후부터 지금까지 점차적으로 증가한 그 모든 수치를 물질의 질량으로 계산하면 얼마나 많겠는가? 창조 때 하나님께서 창조 하신 그 지구의 질량이 엄청나게 많이 증가하지 않았을까?

창조이후로 수천 년 동안 많은 동물도, 식물도 낳고 죽고를 수 없이 반복했다. 많은 물질도 물건도 수없이 생산하기도 하고, 또 썩고, 불에 타고, 녹슬어 소멸된 것들이 수 없이 많을 것이다. 지금도 썩혀 없애는 쓰레기, 소각되는 쓰레기가 얼마나 많은가? 그렇다면 지구의 무게가 창조 때 무게보다 많아졌을까, 아니면 적어졌을까 계산할 수가 없을 것이다.

하지만 우리 하나님께서는 과학적인 지혜로 우주 만물을 창조하셨다는 사실을 알아야 한다. 지구의 무게나 질량은 창조 때나 수천 년이 지난 지금이나 변하지 않고 똑 같도록 창조하셨다는 사실이다. 아무리 생산되고, 소멸되고를 반복했을지라도 지구의 질량은 변함이 없다는 뜻이다.

질량 불변의 법칙

과학의 법칙에는 질량은 과거나 현재나 변하지 않는다는 질량 불변의 법칙이 있다. 지금은 열역학 제 1법칙으로 대치하고 있지만, 물질은 스스로 생성하지도 않고 스스로 소멸하지도 않는다는 법칙이다. 이는 변하지 않는 과학의 법칙이다. 하나님께서 이미 창조 때 만들어 놓으신 과학적 창조가 지금 과학자들에 의해 발견된 법칙이라 할 수 있다. 그 법칙에 의하면 처음 창조한 물질은 그 후 형태는 변할 수 있으나 다시 생성될 수도 없고 소멸 될 수도 없다는 법이다. 그러니까 창조 때 지구의 무게나 수 천 년이 지난 지금의 지구 무게나 똑 같다는 뜻이다.

성경에 이런 말씀이 기록되어 있다.

"이미 있던 것이 후에 다시 있겠고 이미 한 일을 후에 다시 할지라 해 아래에는 새 것이 없나니 무엇을 가리켜 이르기를 보라 이것이 새 것이라

할 것이 있으랴 우리가 있기 오래전 세대들에도 이미 있었느니라." (전
도서 1 : 9-10)

"이제 있는 것이 옛적에 있었고 장래에 있을 것도 옛적에 있었나니 하나
님은 이미 지난 것을 다시 찾으시느니라."(전도서 3 : 15)

　아무리 생성과 소멸을 반복해도 과거에 있던 것이 지금 있는 것이
다. 해 아래에 있는 것은 새것이 없다. 그런 뜻이라 할 수 있다. 우리
하나님의 우주 만물의 운영 방법 중 하나가 하나님이 창조해 놓으신
물질의 질량이 변하지 않는 가운데 생성과 소멸의 법으로 운행하고
계신다는 사실이다. 모든 물질은 그 범위에서 벗어날 수가 없다.

5) 하나님은 사람에게
우주 만물의 운행권을 주셔서 운행하신다

하나님께서 우주 만물을 창조하신 최종 목적이 사람이다. 사람이 우주 만물 중에 생존해 있는 어떤 생명체보다도 우월하다. 사람은 가히 하나님의 창조 걸작품이라 할 수 있다. 사람으로 하여금 하나님의 모양과 성품을 닮도록 만드셨으니 더 설명할 필요가 없을 것이다. 하나님께서 왜 사람을 그렇게 우수한 존재로 창조하셨을까? 두 말할 필요도 없이 하나님의 사랑의 대상으로, 교제의 대상으로 삼기 위해서 창조하셨고 창조주 하나님 우리 아버지의 영광을 위해서 창조하셨기 때문이다.(이사야 43 : 7)

창세기 1 : 26에서 하나님의 그러한 뜻을 정확하게 밝히고 계신다.
"하나님이 이르시되 우리의 형상을 따라 우리의 모양대로 우리가 사람을 만들고 그들로 바다의 물고기와 하늘의 새와 가축과 온 땅과 땅에 기는 모든 것을 다스리게 하자 하시고" 라 하셨다.
하나님의 성품과 속성을 가진 사람을 만드시고 사람에게 바다와 하늘과 온 땅에 생존하는 동물과 식물, 그리고 우주 만물을 다스릴 권한까지 주셨다는 뜻이다.

과연 지금 우주 만물을 누가 다스리고 있는가?

하나님을 대신하여 사람이 다스리고 있다. 그것은 부인할 수 없는 사실이다. 마치 우주의 주인이 사람인 것처럼 사람의 뜻대로 다스리고 있다. 하지만 사람은 우주의 주인이 될 수 있는 존재가 아니다. 하나님의 은혜로 세상에 나그네로 와서 복을 누리며 사는 존재일 뿐이다. 하나님의 사랑이 아니었으면 있을 수 없는 일이다. 그런데도 세상에서 나그네로 있는 동안 하나님께서 주신 그 권위로 우주 만물을 다스릴 수 있으니 이 얼마나 큰 은혜요, 복인가?

현재를 사는 사람들의 모습을 보라. 하나님이 주신 그 권한으로 우주 만물을 옳게 다스리고 있는가?

하나님이 원하시는 뜻으로 다스리는 것이 아니라, 오히려 하나님의 권한에 월권을 하고 있는 실정이다. 그 예가 생명에 관한 것이다. 생명의 주인은 우리 하나님이신데 주인 되시는 하나님을 외면하고 하나님이 금하신 생명까지 사람이 변형 조작하고 있다는 사실이다.

만드신 분이 하나님이시고, 주인 되시는 분이 하나님이시며, 다스릴 권한을 주신 하나님이시라면 하나님의 뜻에 순종하는 것이 마땅한 일이 아니겠는가?

여하튼 우리 하나님의 우주 경영하시는 방법 중 하나로 하나님께서 사람에게 우주 만물을 다스릴 권한을 맡겨 주심으로 사람을 통해 우주 만물을 운행하시고 계신다는 사실이다. 그 뜻에 순종하는 것이 마땅한 일이다.

6) 하나님의 관심이
우주 만물을 잘 돌아가도록 하신다

　하나님께서 우주 만물을 운행하고 경영하시는 방법 중 하나는 누가 무엇이라 하더라도 우리 하나님은 우주 만물과 사람에 대한 관심이 있으시다는 사실이다.

　하나님이 관심이 있으시니 우주 만물을 한 편 신비롭게 창조하셨고, 한 편 과학적 이치에 맞도록 창조하신 것이다. 하나님께서 관심이 계시니 지구에 생명체가 잘 살 수 있도록 좋은 환경을 만들어 주셨다. 하나님께서 관심이 있으시니 사람이 호흡하기에 적합하고, 또 식물이 잘 자랄 수 있도록 공기를 산소와 질소의 적합한 비율(산소 2% 질소 78% 기타 1%)로 만들어 주셨다는 사실이다. 하나님이 관심이 있으시니 식물과 동물을 종류대로 창조하셔서 그 종류대로 유전이 되도록 하셨다는 것이다. 하나님께서 사람에게 관심이 계시니 사람에게 먹거리를 고루고루 만들어 주셨다는 사실이다. 하나님이 가지고 계신 관심을 말하려면 끝도 없을 것이다.

　하나님의 그 관심으로 우주 만물이 잘 운행되고 있다는 사실을 알아야 한다. 우주에 대한 하나님의 관심은 하나님이 살아 계시기 때문이다. 즉 우주의 운행은 우리 하나님이 살아 계시지 않는다면 불가능하다. 하나님이 우주와 사람에 관심이 없으셔도 우주는 운행이 불가능하다는 사실이다.

　화단에 있는 어린 화초도 주인이 관심을 가져주지 않으면 살 수가 없는 것과 같다. 갓 태어난 아기가 엄마의 관심이 없이 살 수가 있겠는가? 세상의 모든 것들이 누군가의 관심이 없으면 존재하고 지속될 수가 없다.

하나님의 관심 때문에

마찬가지로 하나님이 우주 만물을 창조하시고 그에 대한 관심을 갖지 않으신다면 창조 된 우주가 과연 질서와 법을 유지할 수 있겠는가? 우주는 하나님께서 관심을 갖지 않으시는 순간까지 운행이 될 것이다.

> 베드로후서 3 : 7에 "이제 하늘과 땅은 그 동일한 말씀으로 불사르기 위하여 보호 하신 바 되어 경건하지 아니한 사람들의 심판과 멸망의 날까지 보존하여 두신 것이니라." 하셨다.

하늘과 땅을 하나님께서 심판의 날까지 보호하고 보존하신다는 뜻이 아니겠는가? 그 때까지 하나님께서 관심을 가지고 하늘과 땅 즉 우주를 운행하신다는 뜻일 것이다.

하나님의 관심이 바로 우주 만물을 운행하시는 방법이요, 돌아가게 하시는 방법 중 하나라는 사실이다.

하나님의 돌보심이 필요한 존재..

하나님께서 창조하신 피조물들 중에는
하나님의 특별하신 관심과 사랑이 요구되는 피조물들이 있다.
식물들에게도 있을 수 있고 동물들에게도 있다.

모든 푸른 풀은 동물의 먹이로 주셨고,
사람을 위해서는 채소와 열매를 주셨다.
하나님의 관심으로 사람을 위해 특별히 만드셨다는 뜻이다.
채소와 과일에 맛이 있고 영양이 풍부하다는 사실을 보면
우리가 부정할 수 없는 사실이다.

거기에 우리 아버지 하나님의 사랑이 담겨 있다.
사람은 풀이나 야생 동물처럼 자라도록 방치하신 것이 아니다.

사람은 태어날 때부터 세상을 살아가는 전 생애에
하나님의 관심과 양육과 돌보심이 있어야 하는 존재다.
하나님의 사랑이 없이는 존재가 불가능한 것이 곧 사람이다.
사람은 태어날 때부터
하나님의 사랑과 관심이 요구되는 존재이기 때문이다.

7) 우주 만물의 경영은
우주의 주인이신 아버지께서 직접 운행하신다

아버지는 가족의 어른이고 가장이다. 아버지와 어머니 그리고 부모를 닮은 자녀가 있으면 거기가 가정이다. 자녀는 부모의 유전자와 혈통을 따라 낳기 때문에 부모를 닮게 마련이다.

하나님은 창조 당시 아담 한 사람을 창조하셨다. 그 다음에 아담의 갈비뼈로 돕는 배필 하와를 창조하셨다. 아담의 갈비뼈로 하와를 만드신 이유는 남녀가 동등한 인격과 동등한 인권을 갖도록 하시려는 의도이신 것 같다. 아담이 아담을 닮은 아들 셋을 낳았다. 아담과 그의 아내 하와, 그리고 아들 셋이 있으니 가정이라는 뜻이다.

가정이란 부모의 유전자가 전해지고, 핏줄(혈통)이 흐르고, 족보를 이어가는 곳이다.

우주적인 하나님의 가정도 마찬가지다.

하나님은 우주 만물을 창조하신 우주의 주인이시고, 우주적 가정의 가장이다. 하나님은 자신이 사랑하는 인류를 위해 살아갈 거주지인 지구를 만들어 주셨고, 거기에서 자신을 닮은 아담을 낳고 아담은 아담 자신을 닮은 아들을 낳게 하셨다. 하나님은 자신을 닮도록 하는 유전자와 혈통을 인류의 시조인 아담에게 주셨기 때문에 온 인류의 가장이고 우주의 가장이다.

하나님께서 "이스라엘은 내 아들 내 장자라"고 하셨다. 이스라엘만 아들인가? 하나님은 온 인류를 사랑하시는 분이고, 지구촌 인류의 가장이시다.

신명기 14 : 1에 "너희는 너희 하나님 여호와의 자녀이니..."라고 하셨다.

이스라엘만 아들이 아니라 이스라엘을 포함한 전 인류가 하나님의 자녀라는 뜻이다. 하나님께서 이스라엘을 특별히 택하셨지만 온 인류가 하나님의 자녀라는 뜻이다.

그 가정의 가장 되시는 하나님 아버지께서 우주적 가정을 다스리고 계신다는 것은 당연한 일이 아니겠는가. 바로 당신은 우주적 가정의 한 식구이고 아버지를 닮은 자녀요, 아버지가 사랑하시는 한 자녀라는 사실을 알아야 될 것이다. 그 아버지를 모시고 섬기고 그 아버지의 영광을 위해서 살고 있다는 사실에 감사하기 바란다.

사람은 어떤 점이 우수하다고 할까?

사자 호랑이 말 소 같은 짐승은 세상을 사는데 아무런 어려움이 없는 것 같다.

언어가 없어도 문자가 없어도 노래가 없어도 옷을 입지 않아도 집이 없어도 얼마든지 즐겁게 살고 있는 것 같다. 먹을 것만 충분하면 그런 것들이 없어도 사는데 아무 문제가 없는 것 같다. 하나님이 그들에게 필요한 모든 것을 이미 준비해 주셨기 때문이 아닐까...

만약 사람도 언어 문자 노래 옷 집이 없어도 짐승처럼 살도록 창조하셨다면 세상을 사는데 별 문제가 없었을 것이다. 마치 짐승처럼 말이다. 하지만 하나님께서는 사람을 짐승처럼 창조하신 것이 아니다. 인류 문명이 발달하기 전까지만 해도 언어는 있지만 옷이나 집 문자가 없이도 잘 살았던 종족이 있었잖는가? 그들에게는 오직 언어와 노래만 있었던 것 같다.

우리 하나님께서는 사람을 짐승으로 창조하신 것이 아니다. 사람을 하나님을 닮은 우수한 존재로 만들어 주신 것이다. 사람에게는 언어와 문자가 있고, 노래와 웃음이 있으며, 옷을 입고 집에서 살도록 하셨다. 생각하고 계획하고 설계해서 문명의 작품을 만들 수 있도록 창조력을 주셔서 지금과 같은 문명인으로 발전해 가도록 하셨다는 사실이다. 무엇보다도 하나님께서 사람을 사랑하시고 또 사람이 하나님을 사랑하고 섬기며 영광을 드리며 살 수 있도록 하셨다는 것이 하나님께서 사람을 우수하게 만드셨다는 증거다.

1) 사람에게 언어와 문자를 주셨다.

사람은 말을 한다. 말로 서로 의사를 주고받을 수 있다. 하나님이 사람에게 주신 복이다. 만약 사람이 짐승처럼 말이 없다고 생각해 보라. 물론 사는 데는 별 지장이 없을 수도 있다. 하지만 말이 없다면 사람이 사람 노릇을 할 수가 없을 것이다. 서로 의사를 소통할 수도 없을 것이고 서로 감정을 나눌 수도 없을 것이다. 사랑을 해도 사랑한다는 표현을 말로 할 수 없을 것이고 아프고 슬퍼도 전달할 수 있는 방법이 없을 것이다. 그런데 사람에게 말을 주셨으니 얼마나 감사한 일인가.

거기에다 문자까지 주셨다. 문자가 있기에 인간 세계에는 문명이 발달할 수가 있었다. 문자는 말을 기록할 수 있고 생각하는 것을 글로 표현할 수 있다. 문자는 계획을 쓸 수 있고, 설계를 기록할 수가 있다.

그래서 문명이 발달할 수 있었던 것이다. 지금도 언어는 있으나 문자가 없는 종족이 있는 것을 볼 수 있다. 그런 종족은 문명이 발달할 수가 없다. 문자가 있어야 설계가 가능하기 때문이다.

아메리카 원주민들이 땅을 왜 유럽인들에게 빼앗겼을까?

미주 땅에는 유럽인들이 오기 전에 여러 부족들이 살았다.
그들은 이미 땅을 차지하고 있었고 땅의 주인이었다.
그들은 활을 사용하면서 싸움에도 능한 사람들이었다.
그런데 뒤늦게 들어온 유럽인들에게 땅을 빼앗기고 말았다.

왜 그렇게 되었을까?
아마도 언어는 있었는데 문자가 없었기 때문일 것이다.
외부에서 침입이 있을 때
서로 소통하는 문자가 있었다면
서로 돕고 협력해서 침략자를 물리칠 수가 있었을 것이다.
언어는 있는데
문자가 없는데서 오는 피해였다는 뜻이다.

2) 사람에게 노래와 웃음을 주셨다.

사람에게는 음악이 있다. 음악이 있으니 노래를 할수 있는 것이다. 그런데 음악을 사람이 지혜가 있어서 연구해서 만든 것일까? 물론 그

사람이 늙어 가면서 없어지는 것이 있다면...

말과 웃음과 노래다.
건강하고 품위 있게 늙고 싶다면 이 3가지를 살리는 것이 어떨까?
남에게 덕이 되는 말을 하고, 항상 즐거운 마음으로 웃음과 노래가 있다면
건강하고 행복하게 살 수 있지 않을까...

렇다고 말을 할 것이다. 하지만 음악을 만드는 재료를 하나님께서 주시지 않았다면 아무리 연구해도 음악을 만들 수 없었을 것이다. 하나님께서 사람에게 소리를 낼 수 있도록 하셨는데, 짐승처럼 한 두 음정만을 주신 것이 아니다. 여러 가지 음정을 낮은 음정으로부터 높은 음정까지 골고루 낼 수 있도록 하셨다는 사실을 알아야 한다. 물론 짐승도 소리를 낼 수는 있다. 그러나 짐승은 음정을 골고루 낼 수가 없다.

사람은 음정을 골고루 낼 뿐만 아니라 여자들에게는 주로 고음을 내도록 하셨고 남자들에게는 저음을 낼 수 있도록 하셨다. 그 음정을 7음씩 순차적으로 올라갈 수 있도록 하셔서 훌륭한 음악을 만들 수 있도록 하셨다는 사실이다. 남녀가 함께 노래를 하면 화음이 잘 맞아 어울려서 좋은 음악을 할 수가 있는 것이다. 그 소리로 오늘날 즐거운 노래를 할 수 있도록 하셨으니 사람은 기쁘고 즐거운 노래를 할 수가 있는 것이다. 이도 역시 하나님께서 사람에게 주신 복이 아니겠는가.

또한 사람은 즐거울 때 웃고 슬픔을 당할 때는 울수 있는 감정도 주셨다. 하나님께서 사람에게 다양한 표현력을 주셨다는 것도 짐승들과는 다른 점이라 할 수 있다.

3) 사람에게 옷을 입고 집에서 살도록 하셨다.

짐승들에게는 옷을 주시는 대신 몸에 털이 나도록 하셨다. 그러나 사람에게는 몸에 짐승처럼 많은 털이 없는 대신 옷을 입고 집을 짓고 살수 있도록 하셨다. 혹 사람에게도 짐승처럼 몸에 털이 많이 있었으면 옷을 입지 않아도 좋았을 것이라는 생각을 할 수도 있을 것이다. 물론 아담과 하와는 세상에 처음 왔을 때 옷이 없어 옷을 입지 못했다. 그런데 아담과 하와가 처음 옷을 대신해서 몸을 가린 것이 무화과 나무 잎이었다. 하나님의 명령을 어긴 것에 죄책감과 벗은 것이 부끄러워서라는 것이었다.

하나님께서는 사람에게 혹 잘못이나 죄가 있을 때 그것을 깨닫는 감정이나 양심을 주셨기 때문일 것이다. 하나님께서 사람에게 그 죄와 부끄러움을 가릴 수 있는 완전한 옷인 가죽옷을 지어 입히신 것이다. 그것이 사람에게 반드시 옷을 입고 살도록 하신 계기가 되었던 것이라 생각이 된다. 이 역시 하나님의 사람을 향한 사랑이요 배려라고 할 수 있다.

4) 사람에게 창조력을 주셨다.

하나님은 우주 만물을 창조하셨다. 그 하나님께서 사람에게도 창조력을 주셨다. 비록 제한적이지만 사람을 하나님을 닮은 존재로 창조하셨기 때문이다. 사람에게 창조력을 주셨기 때문에 문명을 발달시

킬 수 있었다는 사실이다. 오늘날 문명의 산물들이 모두가 인간의 창조력으로 만들어 낸 작품들이다. 창조 이래로 어떤 짐승이 자동차를 만들었다, 비행기를 만들었다, 컴퓨터를 만들었다는 그런 뉴스가 있었던가? 아직 없다. 하나님께서 어떤 짐승에게도 창조력을 주신 일이 없기 때문이다. 이 역시 하나님께서 사람에게 주신 복이 아니겠는가.

5) 사람으로 하나님을 사랑하고 섬기도록 하셨다.

모든 창조물 중에서 사람이 우수하다는 결정적인 증거는 사람이 하나님의 사랑을 받는 존재라는 사실이다. 또한 사람에게 하나님을 알 수 있는 지식을 주셨다는 것과 하나님과 교제의 대상으로 만드셨다는 사실이다. 하나님께서 창조의 최종 목적으로 사람을 창조하신 이유다.

그뿐인가? 하나님께서는 사람을 자신의 영광을 위해서 창조하셨다고 말씀하신다. 사람이 하나님의 영광을 위해 창조된 존재라면 하나님을 섬길만한 인격을 갖추어야 되지 않겠는가? 하나님은 사람을 하나님의 형상과 모양을 닮도록 하셨던 것이다. 사람이 다른 어떤 생명체보다 우수하다고 할 수 있는 이유다.

하나님이 사람을 사랑하시는 것처럼 사람도 하나님을 사랑하고 섬기며 하나님께 감사와 영광을 드리며 살아야 될 것이다. 사람이 우수한 존재로 되기 위해서는...

노아 홍수 전과 후의 차이

성경을 읽다보면 노아 홍수 이전과 홍수 이후는 여러 가지로 차이가 많이 있다는 것을 발견하게 된다. 무엇이 차이가 날까? 여기서 두세 가지 예를 들어 보기로 한다.

1) 사람의 수명에 차이가 생겼다

창세기 5장에는 노아 홍수 이전에 살았다 죽은 사람들의 이름이 나와 있다. 하나님께서 그들에게 수명을 제한하신다는 말씀을 하시지 않으셨다. 노아 홍수 이전에는 사람들이 900년 이상을 살았다는 기록만 볼 수 있다. 아담은 930세를 살고 죽었더라 하셨고 성경 기록상 제일 오래 산 므두셀라는 969세까지 살았고 노아도 950세까지 살았다.

이처럼 사람들의 수명을 제한하지 않으셨던 하나님께서 노아 때 사람들의 죄악이 관영한 것을 보시고 "나의 영이 영원히 사람과 함께 하지 아니하리니..."라는 선언을 하시고, 이어서 "그들의 날은 일백이 십년이 되리라."고 하셨다. 즉 노아 홍수 후에는 사람의 수명을 120년 으로 제한하시겠다는 하나님의 뜻이요 선포다. 노아만은 홍수 전과 후를 걸쳐서 950세까지 산 사람이다.

시편에서는 "우리의 연수가 칠십이요 강건하면 팔십이라도 그 연 수의 자랑은 수고와 슬픔뿐이요 신속히 가니 우리가 날아가나이다." 라고 했다. 과연 현재 지구촌 사람들의 평균수명이 얼마인가? 7, 80 에 불과하다. 지금은 많은 사람들이 100세를 넘어 살기도 하고, 혹 장 수하는 사람들은 120에 가까이 향수하는 사람들을 볼 수가 있다. 노 아 홍수 이전 사람과 홍수 이후 사람들의 수명이 차이가 생겼다는 이 야기다. 그러나 그 차이는 자연적으로 된 것이 아니다. 생명의 주인이 신 하나님께서 사람의 수명을 900년 이상에서 120년으로 단축 하서 서 수명을 제한 하셨다는 뜻이다.

2) 자녀 출생에 나이도 몸도 제한이 되었다

성경에 보면 아담 이후 노아 때까지의 사람들은 첫 아들을 낳은 나 이는 정확하게 기록하고 있다. 그런데 그 다음은 얼마나 많은 자녀를 낳았는지 기록이 없다. 죽을 나이가 될 때까지 자녀를 계속 출산한 것 이 아닐까 생각이 된다. 하나님께서 사람을 창조하셨지만 사람의 숫 자가 없었을 때라 아마도 자녀를 많이 낳도록 하시는 하나님의 뜻이 아닐까 생각이 된다. 그래서 죽기 직전까지도 자녀를 생산할 능력을 주셨던 것이 아닐까...?

창세기 5 : 3-5에 "아담은 일백삼십 세에 자기의 모양 곧 자기의 형상과 같은 아들을 낳아 이름을 셋이라 하였고 아담은 셋을 낳은 후 팔백년을 지내며 자녀를 낳았으며 그는 구백삼십세를 살고 죽었더라." 라고 기록되어 있다.

아담이 아들 셋을 낳은 나이가 백삼십 세라는 이야기이고, 그 때부터 죽을 때까지 팔백년 동안 자녀를 낳았다면 930 세가 될 때까지 계속 자녀를 낳았다는 뜻이다. 자녀를 출산하는데 나이 제한이 없었다는 뜻이 아니겠는가? 성경에는 자녀를 몇 명이나 낳았는지는 기록이 없다. 아마도 죽기 직전까지도 자녀를 생산하는 능력이 있었는지도 알 수 없는 일이다.

그런데도 창세기 18 : 11에서는 "아브라함과 사라는 나이 많아 늙었고 사라에게는 여성의 생리가 끊어졌는지라." 라고 기록하고 있다. 아브라함의 불과 10대조 이전에는 900세가 넘어 죽기 직전에도 자녀를 낳는데 늙었다는 말씀이 없었다. 그런데도 노아 십대손인 아브라함에게는 백 세도 되기 전에 늙었다는 표현으로 말씀을 하고 있고, 사라에게는 여성의 생리가 끊어졌다고 기록하고 있다는 이야기다.

심지어 로마서 4장에서는 "그(아브라함)가 백 세나 되어 자기 몸이 죽은 것 같고 사라의 태가 죽은 것 같음을 알고도 믿음이 약하여지지 아니하고" 라고 했다. 자녀를 낳기에는 불가능할 만큼 늙었는데도 자녀를 낳았다는 뜻이다. 성경인데도 말씀을 묵상하다 생각해 보면 참으로 이해가 어려운 대목이다.

하지만 사람의 생명은 하나님의 것이고 하나님께서 수명의 한도를 정하셨는데 사람이 불평할 이유가 어디 있겠는가? 우리의 생명도 수명도 하나님의 것인데 하나님이 하시는 일을 우리 인간이 불평할 이유가 없다는 이야기다.

3) 죄로부터 구원되기 위해서는 은혜를 입어야 한다

노아 홍수는 숨 쉬는 생물체가 모두 죽어야 했던 물의 심판이었다.

누가복음 17 : 26-27에 "노아의 때에 된 것과 같이 인자의 때에도 그러하리라. 노아가 방주에 들어가던 날까지 사람들이 먹고 마시고 장가들고 시집가더니 홍수가 나서 그들을 다 멸망시켰으며"라는 말씀이 기록되어 있다.

이 말씀에 의하면 전 지구적 심판이 두 번 있을 것이라는 뜻이다. 노아 홍수의 심판과 주님이 다시 오실 때에도 심판이 있을 것이라는 뜻이다. 홍수의 심판은 물의 심판이었다.

창세기 6 : 17에 "내가 홍수를 땅에 일으켜 무릇 생명의 기운이 있는 모든 육체를 천하에서 멸절하리니 땅에 있는 것들이 다 죽으리라."고 하셨다. 물의 심판으로 땅에 있는 모든 생명체를 다 죽이시겠다는 하나님의 전 지구적 심판이다. 사람을 사랑하시는 하나님께서 왜 모든 사람을 죽이시는 심판을 하셨을까? 그 이유가 무엇일까?

창세기 6 : 5에 "여호와께서 사람의 죄악이 세상에 가득함과 그의 마음으로 생각하는 모든 계획이 항상 악할 뿐임을 보시고"라고 하셨다. 사람들의 죄가 이미 도를 넘었고 사람들의 계획이 오직 죄뿐이라면 하나님께서 사람들에게서 더 이상 기대할 수 없기에 심판하셨을 것이다. 결국 사람의 죄로 인해 하나님께서 지으신 모든 사람을 다 심판하셨다는 뜻이다.

하지만 모든 사람을 다 심판하시는 중에서도 단 한 사람 노아만 하나님의 은혜를 입었더라, 고 하셨다. "노아는 여호와께 은혜를 입었더라."(창 6 : 8) 노아가 하나님의 은혜를 입었다는 뜻에는 노아가 하나님 보시기에 의롭게 살았다는 뜻이 있다. 모든 사람이 죄악으로 다 죽어야 될 심판 가운데서도 하나님의 은혜를 입기만 하면 구원이 될 수 있다는 뜻이 담겨 있는 말씀이라 할 수 있다.

그렇다면 장차 오는 주님의 심판 때에 구원될 수 있는 방법이 무엇일까? 노아 홍수 때와는 어떻게 다른가? 그에 대한 가장 적합한 답이 에베소서 2 : 8에 기록되어 있다.

"너희는 그 은혜에 의하여 믿음으로 말미암아 구원을 받았으니 이것은 너희에게서 난 것이 아니요 하나님의 선물이라."는 말씀이다.

노아가 하나님의 은혜를 입은 것처럼 우리도 하나님의 은혜를 먼저 입으면 구원이 가능하다는 말씀이다. 그 은혜를 입었다는 사실을 믿음으로 받아들여야 구원을 받는 것이다. 하나님의 은혜를 입었어도 믿지 않으면 구원이 불가능하고 믿어도 하나님의 은혜를 입지 않으면 역시 구원이 불가능하다는 뜻이다. 그 모든 것이 우리의 노력으로 되는 것이 아니라 하나님이 무상으로 주시는 선물이라는 이야기다. 죄인이라면 노아 홍수 때처럼 모두 죽어야 마땅하지만 마지막 심판 때는 모든 사람을 다 죽이려는 것이 하나님의 뜻이 아니다. 은혜를 입게 하시고 그 사실을 믿음으로 받아 드리기만 하면 구원을 얻게 하시려는 뜻이기 때문이다. 그것을 하나님의 선물이라고 하신 것이다.

4) 노아 홍수 전 후의 종말 예고

창세기 3 : 19에는 "네가 흙으로 돌아갈 때까지 얼굴에 땀을 흘려야 먹을 것을 먹으리니 네가 그것에서 취함을 입었음이라 너는 흙이니 흙으로 돌아갈 것이니라." 하셨다.

인간 개인의 종말을 예고하신 말씀이라 할 수 있다.

창세기 6 : 7에 인간을 포함해서 생명체 전부의 종말을 예고하시고 실행하셨다.

"이르시되 내가 창조한 사람을 내가 지면에서 쓸어버리되 사람으로부터 가축과 기는 것과 공중의 새까지 그리하리니 이는 내가 그것들을 지었음을 한탄함이니라 하시니라." 고 하셨다.

우주 만물을 창조하신 하나님께서 자신이 창조하신 우주에 사는 생명체를 심판하시겠다는 말씀이었다. 지구에 사는 전 인류뿐 아니라 생명체 전부를 심판하시겠다는 선언이었다.

아직 남아 있는 것은 우주만물과 노아 여덟 식구다. 그렇다면 그 남은 우주만물과 노아의 후손은 영원히 존재할 수 있느냐?

하나님은 그 후 마지막 종말도 예고 하셨다.

창세기 8 : 22에 "땅이 있을 동안에는 심음과 거둠과 추위와 더위와 여름과 겨울과 낮과 밤이 쉬지 아니하리라." 라고 하셨다. 땅이 있을 동안에는 하나님의 자연섭리가 쉬지 않고 돌아간다는 뜻이다. 그 말씀은 땅이 없어질 때가 온다는 뜻일 수 있다. 땅이 없어지면 하나님의 자연섭리는 더 이상 돌아가지 않을 것이다. 모든 생명체뿐 아니라 지구까지도 종말을 맞게 된다는 뜻일 수 있다. 결국 마지막 종말은 전 우주적 종말이라 할 수 있다.

07
Chapter

하나님을 부정한다고
종말이 안 올까?

세상의 모든 일에는 시작이 있으면 반드시 마지막이 있다. 그것은 예외가 없다.

시작이 없는데 종말이 오는 것도 아니고, 시작은 있는데 종말이 오지 않는 것도 아니다.

창조가 없는데 우연히 지구가 생겨나는 것도 아니고 창조는 분명 있는데 있던 지구가 우연히 없어지는 것도 아니다. 반드시 창조도 있고 종말도 있다는 이야기다. 그렇다면 하나님께서 지구는 창조하셨는데 종말은 오지 않아도 될까?

어떤 사람의 말대로 지구가 우연히 생겨났다면 지구가 없어질 때도 우연히 없어질까? 아니면 지구가 영원히 없어지지 않고 그대로 있게 될 수도 있을까? 물질세계에서는 시작이 분명 있고 끝이 있게 마련인데 우연이라는 말은 그야말로 애매한 대답일 것이다. 그렇다고 지구의 나이가 100억 년 됐으니까 앞으로도 100억 년은 염려 없다고 말을 할 수도 없다.

방이 2 개가 있는 집에는 4 식구 정도가 살기에 적합하다. 집은 더 넓어지지도 않고 방이 더 많아지지도 않는데 식구가 10 명, 20 명, 100 명으로 늘어나도 다 함께 안전하게 살 수가 있겠는가? 있을 수 없는 일이다. 마찬가지로 지구도 더 커질 가능성이 없다. 그런데도 지구촌 인구는 점점 늘어나고 있지 않는가? 지구촌의 인구 증가를 보면 이제 지구도 거의 수용능력의 한계에 도달했다는 느낌이다.

게다가 공기의 오염 물의 오염 땅의 오염 먹을거리의 오염 환경의 오염 등 오염이 심각하다. 거기에 인구 폭발 식량 부족 식수의 부족 에너지의 고갈이 되어간다. 정치 경제 교육 사람의 양심 등 모두 균형을 잃어가고 있다. 더욱이 신앙인들까지 진정한 사랑을 잃어가고 있다. 종말이 거의 다가오는 느낌이다. 하나님의 영광을 위해 창조하신 세계가 하나님의 영광을 멀리하고 있는 것 같다. 만약 하나님의 영광을 가리고 하나님을 거부하고 부인한다고 종말이 오지 않을까?

1) 주의 강림하신다는 약속이 어디 있느냐?

혹자들은 주장하기를 주의 강림하신다는 약속이 어디 있느냐고 할 것이다. 주님께서 재림하신다고 약속은 하셨지만 아직까지 재림을 하지 않는 것을 보면 재림 약속이 과연 확실한 것이냐? 약속이 거짓말이거나 재림은 없는 것이 아니냐? 또 조상들이 수 없이 왔다 갔지만 만물이 처음 창조 될 때와 같이 그냥 있지 않느냐? 아담 아브라함 이삭 야곱 그 외 모세 다윗 그 많은 조상들이 세상에 태어났다 죽었지만 만물은 처음 창조 때 있던 것이 그대로 있지 않느냐?

사실 믿기 싫은 사람들에게는 솔깃한 이론이다. 예수님 초림부터 그 후 2천 년이 지난 지금까지도 재림은 소식도 없다. 예수님이 오신다 오신다하면서 언제 오실지는 아직도 모르는 상황이다.

그러나 성경은 분명하게 말씀하고 있다.

"이는 하늘이 옛적부터 있는 것과 땅이 물에서 나와 물로 성립된 것도 하나님의 말씀으로 된 것을 그들이 일부러 잊으려 함이로다." 라고 하셨다.

부정하는 자들의 이론은, 과연 하나님이 하늘과 땅을 말씀으로 창조하셨을까? 아닐 것이다. 주의 재림을 믿지 않는데 창조가 믿어지겠나? 안 믿어지니까 일부러 하나님도 창조도 부정한다는 이야기다.

하나님을 부정한다고 과연 종말이 오지 않을까?

우리가 이제 반드시 알아야 될 것이 있다. 성경은 분명히 말씀하고 있다.

> "이제 하늘과 땅은 그 동일한 말씀으로 불사르기 위하여 보호 하신 바 되어 경건하지 아니한 사람들의 심판과 멸망의 날까지 보존하여 두신 것 이니라."고 하셨다.

하늘과 땅은 그 동일한 말씀으로 창조도 심판도 하실 것이지만 지금은 하나님께서 보존하고 계시다는 뜻이다. 하나님께서는 우리가 사는 이 땅도 한국도 미국도 이 지구도 심판과 멸망의 날까지 보존하고 계신다는 말씀이다.

다시 말하면 하나님께서 만드신 창조물을 하나님께서 어떻게 간수 하시느냐 어떻게 다스리시느냐 에 달려 있다는 이야기다. 하나님께서 돌보지 않으시면 그 즉시 죽을 수밖에 없다. 그 때는 땅에도 심판 생물 에게도 심판 모두 사망이다 그런 뜻이다. 돌아가는 팽이를 팽이채로 계속 치지 않으면 당장 쓰러진다. 마찬가지로 하나님께서 태양계의 운행을 지금 중단하시면 태양계는 당장 멈춘다. 바로 지금 죽을 수밖에 없다. 하나님께서 운행을 중지하는 순간 멸망이라는 이야기다.

여러분의 심장 박동을 여러분의 능력으로 스스로 뛰게 하는가? 아니면 의료 기구에 의존하는가? 그렇잖으면 부모님이 우리를 낳으셨으니까 우리 심장 박동을 부모님이 책임지는가? 아니다. 아무도 내 심장 박동을 책임지고 뛰게 하지 못한다.

우리 심장 박동을 주장하는 존재는 우리 자신이 아니라 생명의 주인이신 하나님이 하신다. 하나님이 지금 내 심장 박동을 중단하시면 나는 지금 즉시 죽는다. 사람이 아무리 지혜가 뛰어나고 건강해도 자신의 심장박동을 일분도 스스로 연장할 수가 없다는 사실이다. 그렇다면 지구와 생명체를 언제까지 간수하고 보존하시겠는가? "경건치 아니한 사람들의 심판과 멸망의 날까지..." 라는 말씀이다. 오늘날 불의를 행하면서도 자기가 정당한 줄 알고 태연한 사람들이 있다. 그런 사람에게도 회개를 촉구하는 말씀이다.

다시 말하면 우주 만물을 말씀으로 창조하셨던 그 동일한 말씀으로 홍수로 땅을 멸망시켰던 것처럼 하나님께서는 그 동일한 말씀으로 경건치 아니한 사람들을 마지막 날에 심판하시겠다는 경고이다. 그 심판은 미국 사람도 한국 사람도 지구상 어느 나라사람도 다 해당이 되는 것이다. 부자도 가난한 사람도 백인도 흑인도 경건치 아니한 사람은 모두 해당이 된다. 하나님께서 간수하고 보존하시는 그 하나님의 뜻을 깊이 깨달아야 할 때이다.

우리가 알아야 될 것이 또 있다. 하나님의 시간 계산법은 우리와 다를 뿐이라는 사실을 알아야 한다. 사람은 유한하고 하나님은 영원하신 분이다. 그러기 때문에 우리의 시간 개념과 하나님의 시간 개념이 전혀 다르다. 유한한 우리 인간은 우리식으로 생각하게 되는 것이다. 유한한 사람은 때로 시간에 쫓기기도 하고 조바심도 하게 마련이다. 그러나 하나님은 영원하신 분이기 때문에 시간에 쫓기거나 조바심을 하실 필요도 없다.

성경이 말씀하신다. "사랑하는 자들아 주께는 하루가 천 년 같고 천 년이
하루 같은 이 한 가지를 잊지 말라."

유한한 인간에게는 천 년과 하루의 차이가 얼마나 크겠는가? 그러
나 하나님의 시간 개념으로는 천 년이나 하루가 일반이라 그런 뜻이
다. 그러니까 인간은 지구의 멸망이 피부로 느껴질 만큼 심각한데 하
나님은 절대로 조바심을 하시지 않고 계신다는 말이다.

성경이 "때와 기한은 아버지께서 자기의 권한에 두셨으니 너희의
알바 아니요."라고 하신 것이다. 유한한 인간은 기한이나 때를 알 수
도, 말할 자격도 없는 존재라는 말이다. 사람의 생각으로는 비록 지구
가 중병에 걸려 오늘 당장 망하는 것 같아도 하나님은 느긋하시다. 그
것은 하나님의 권한이기 때문에 우리는 그 때를 기다릴 수밖에 없다.

"주님의 재림이 왜 이렇게 늦어지는가?"라고 생각하는 것은 우리
의 생각이고 우리의 조바심이다. 영원하신 하나님의 때, 천 년이 하루
같은 하나님의 때가 아직 이르지 않았기 때문이다. 영원하신 우리 주
님은 반드시 약속하신대로 속히 재림하실 것이라고 생각한다.

2) 하나님은 모든 사람이 회개하기를 원하신다.

하나님께서는 모든 사람이 회개하기를 원하고 계신다는 사실을 알아야 한다.

재림은 더딘 것이 아니라 정확한 때에 오신다는 사실을 알아야 된다.

성경이 "하나님은 모든 사람이 구원을 받으며 진리를 아는 데에 이르기를 원하시느니라."라고 하셨다. 하나님이 진정으로 원하시는 뜻은 모든 사람이 구원을 받는 것이다. 그것은 하나님이 인간을 그만큼 사랑하신다는 증거다. 우리 하나님은 모든 사람이 구원을 받을 수 있도록 기다리고 계신다는 뜻이다. 주님의 재림이 늦어지는 뜻이 바로 거기에 있다. 하나님이 사람을 그만큼 사랑하시기 때문에 아무도 멸망치 않도록 하기 위해서 심판을 늦추시는 것이다.

> "주의 약속은 어떤 이의 더디다고 생각하는 것같이 더딘 것이 아니라 오직 너희를 대하여 오래 참으사 아무도 멸망치 않고 다 회개하기에 이르기를 원하시느니라."고 말씀하시고 있다.

이 얼마나 큰 사랑인가? 한 사람도 멸망에 이르지 않게 하시기 위해서 하나님께서도 참고 기다리신다는 말씀이다. 우리가 보기에는 지구가 병이 심각해서 곧 멸망할 것 같아 조바심을 하고 있는데 하나님은 아직도 기다리고 계시다는 이야기다.

우리가 하늘나라의 소망을 갖기 위해서는 인내가 따른다고 했잖는가? 소망의 인내.... 그러나 우리가 감수하는 인내는 아무 것도 아니다. 하나님께서 우리를 구원하시기 위해서는 더 큰 인내를 하고 계신다는 사실을 알아야 된다. 주님의 재림이 늦어진다고 하나님이 우리를 포기하셨다는 뜻이 결코 아니다. 하나님이 그만큼 우리에게 큰 사랑을 베푸시기 위해 참고 기다리고 계신다는 뜻이다. 믿는 우리의 문제는 지구는 점점 병이 심각한데 주님이 재림하신다는 하나님의 약속은 아직 이루어지지 않고 있다는 사실이다. 만약 주님이 재림하시기 전에 지구가 먼저 멸망을 한다면 어떻게 되겠나? 성도들의 소망의 인내가 무색하게 될 것이다.

그러나 주님의 날은 재림을 부인하는 사람들의 생각대로 오시지 않는 것이 아니다.

성경이 분명히 말씀하시고 있다. "그러나 주의 날이 도적같이 오리니 그 날에는 하늘이 큰 소리로 떠나가고 물질이 뜨거운 불에 풀어지고 땅과 그 중에 있는 모든 일이 드러나리로다."라고 하셨다.

주님의 재림은 어느 날 갑자기 도래한다는 말씀이다.
아무리 하나님을 부인해도 어느 날 정확하게 오신다는 뜻이다.

하나님께서 무에서 유를 창조하셨던 그 천지와 모든 물질의 요소가 다시 무로 돌아가게 하시겠다는 뜻이다. 하나님은 원래 재료가 없이 만물을 창조하셨다. 그런데 그 창조 세계를 다시 원점으로 돌리신다는 뜻이다. 무에서 유가 되었다가 다시 무로 돌아갈 것이다. 하늘이 떠나갈 것이다. 모든 물질의 요소가 불로 타서 소멸할 것이다. 흔적도 없이 사라질 것이다. 땅과 땅위에 존재했던 모든 피조물이 소멸되어 없어질 것이다. 하나님은 이 엄청난 일을 이미 계획하고 계셨다. 그러나 인간을 지극히 사랑하시는 하나님이 인간의 심판을 그렇게 간단히 쉽게 하시겠는가? 참고 기다리고 늦어지는 것 뿐이다. 인간을 향한 하나님의 지극하신 사랑 때문이다.

그러나 잊지 말아야 할 것은 주님께는 하루가 천 년 같고 천 년이 하루 같다는 사실이다. 우리 인간의 시간 개념이 아니다. 주님의 약속은 어떤 이의 더디다고 생각하는 것같이 더딘 것이 절대로 아니다. 주님은 불원 오실 것이다. 주님의 날은 분명 도둑같이 올 것이다. 그 날이 오늘일지, 내일일지 아니면 일 년 후나 10 년 후가 될지는 아무도 모른다. 분명한 것은 우리 주님은 하나님의 약속대로 멀지 않아 오실 것이라고 확신한다. 주님의 재림 약속이 절대로 없어진 것이 아니다.
아무리 하나님을 부인하고 불신해도 종말은 올 것이다.

제2편

책 속에
제일 귀한 책

책 속으로...

"태초에 하나님이 천지를 창조하시니라."(창 1 : 1)

이 말씀을 하나님의 말씀으로 믿습니까? 내가 교회에 출석하고 있고 하나님의 말씀인 성경이니까, 믿는 성도이기 때문에 믿음이라는 차원에서 믿는 것인지, 아니면 하나님의 창조가 확실하다는 체험적인 믿음으로 믿는 것인지를 묻는 것입니다.

이 말씀에서 "창조"라는 말은 무(無)에서 유(有)를 창조하셨다는 것, 즉 아무것도 없는 데서 이 엄청난 우주 만물을 하나님이 손수 만드셨다는 사실을 하나님이 선포하신 말씀으로 우리는 믿습니다.

그러면 한 번 머릿속으로 그림을 그려 보십시오. 창조 이전에는 우주 만물이 있었는지, 없었는지, 만약 있었다면 우주 만물이 어떤 형태였는지, 깜깜한 색이었는지 흰색이었는지 정말 아무것도 없었는지 또우주가 없었다면 없다는 상태가 어떤 것이었는지 한 번 상상해 보십시오. 그것은 우리 제한된 머리로는 상상이 안 되는 상태일 것입니다.

과학자들이 절대 무(아무것도 없는 상태)를 어떻게 정의합니까?

과거에는 물질(우리 눈으로 확인이 되는 것들)이 없으면 무(無)의 상태라고 정의를 했습니다. 그런데 지금 무의 정의는 "시간도 공간도 물질도 전부 없는 그런 상태"가 절대 무의 상태라고 합니다. 그야말로 아무것도 없는 상태가 무(無)입니다.

창조 이전에는 지금과 같은 시간(時間)의 흐름도 없었고, 지금 우리가 차지하고 사는 공간(空間)도 없었으며 우리가 보고 만질 수 있는 물질(物質)도 전혀 존재하지 않는 그런 상태였습니다. 다시 말하면 지금과 같은 연월일시(年月日時)의 시간이 흐르지도 않았고 지금과 같이 공기가 있는 대기권 하늘도 없었고 수많은 별들이 있는 우주 공간도 없었으며, 해나 달 별 지구도 없었으니 식물도 동물도 전혀 아무 것도 없었습니다.

오직 하나님만 계셨습니다. 요한복음 1장 1절에 "태초에 말씀이 하나님과 함께 계시니라."고 선언 하시고 있는 것입니다. 그런 상태에서 하나님께서 유를 창조 하셨던 것입니다. 만약 시간과 공간과 물질 중 무엇이라도 있었다면 창조를 하실 필요가 없었을 것입니다.

창세기 1장 1절에서 하나님께서 창조하셨다고 선포하셨는데 무엇을 창조하셨다는 말씀입니까? 아무 것도 없는 상태에서 있도록 하신 것, 즉 "시간(태초)"과 "공간(천--하늘)"과 "물질(지--지구--땅)"입니다. 없던 시간 없던 공간 없던 물질이 생긴 것입니다. 정말 신비(神秘)입니다. 그 사실이 믿어지십니까?

하나님이 태초에 우주 만물을 창조하셨는데 하나님이 어떻게 어떤 방법으로 만물을 창조하셨다고 우리에게 그 사실을 가르쳐 주고 있습니까? 성경에는 그 답이 될 만한 말씀이 없습니다. 하나님이 우주 만물을 창조하신 그 방법에 대해서는 우리에게 전혀 가르쳐 주지 않고 계십니다. 그에 대해서는 전혀 설명이 없습니다. 다만 창조하셨다는 선포만 하시고 있습니다. 그것을 신비(神秘)라고 하는 것입니다. 하나님만 아시는 창조의 비밀이니까 설명이 없는 것입니다.

하나님이 하시는 계획이고, 하나님의 뜻이고, 하나님의 일인데 피조물인 사람에게 미리 알려야 할 필요가 있겠습니까? 알릴 필요도 알릴 수도 없었습니다. 왜냐하면 그 때에는 생명체 특별히 사람이 없었기 때문이었습니다. 그래서 더욱 신비인 것입니다. 그러기에 사람은 신비하게 만들어진 만물이 나타난 그 후부터만 만들어진 만물을 보고 연구해서 알 수 있는 것입니다. 만약에 만물이 물질로 우리 눈에 보이도록 나타나지 않았다면 연구할 수도 없었습니다.

그러면 성경이 그 창조의 사실을 무조건 믿으라고 합니까? 하나님이 제한되고 연약한 사람을 창조하시고 사람에게 그런 무리한 요구를 하셨겠습니까? 무조건 믿으라고...? 아니지요. 하나님이 사람을 어떤 존재로 마드셨습니까? 하나님을 닮은 인격체요 창조적 존재로 만드셨습니다. 하나님은 사람에게 그런 신비한 사실을 깨달아 알 만한 지혜를 주셨습니다. 다시 말하면 하나님이 창조하신 만물을 보고 깨달아 알 수 있을만한 지혜를 사람에게 주셨다고 말씀을 하고 계십니다.

로마서 1 : 19-20을 보십시오.

"이는 하나님을 알 만한 것이 그들 속에 보임이라 하나님께서 이를 그들에게 보이셨느니라. 창세로부터 그의 보이지 않는 것들 곧 그의 영원하신 능력과 신성이 그가 만드신 만물에 분명히 보여 알려졌나니 그러므로 그들이 핑계하지 못할지니라."

무슨 뜻입니까?

하나님이 만드신 만물을 살펴보고 연구하면 분명히 그의 능력과 신성이 보이도록 창조하셨다는 뜻 아니겠습니까? 그런 사실을 사람으로 하여금 연구해서 알 수 있도록 지혜를 주셨다는 것입니다. 하나님이 주신 그 지혜로 비록 하나님을 모르는 과학자라도 보고 연구해서 만물과 물질의 실체를 알 수 있게 되는 것입니다.

세상의 모든 지식의 앞에는 신비가 있습니다. 지식이 있기 이전에 신비가 있다는 뜻입니다. 지식이 무엇입니까? 지식이 곧 과학입니다.

성경에도 신비가 있고 세상에도 신비가 있습니다. 내 몸에도 신비가 있고 내 생활 주변에도 온통 신비입니다. 내 지식으로 내 몸 안에 있는 것들은 알 것도 같은데 모르는 것들이 많습니다. 그 중에 신비가 있습니다. 내 지식으로 그 신비를 모른다고 신비가 하나님과 관계 없는 것이라고 하나님을 부정하는 것은 참으로 어리석은 일입니다.

"만물이 그에게서 창조되되 하늘과 땅에서 보이는 것들과 보이지 않는 것들과 혹은 왕권들이나 주권들이나 통치자들이나 권세들이나 만물이 다 그로 말미암고 그를 위하여 창조되었고 또한 그가 만물보다 먼저 계시고 만물이 그 안에 함께 섰느니라." (골 1 : 16-17)

Chapter

태초에(In the beginning)....

▼

"태초에 하나님이 천지를 창조하시니라."(창 1 : 1)

a) 태초(太初)란 무엇인가?

일반적으로 태초라고 하면 '우주 만물이 창조 된 맨 처음' 또는 '우주의 역사가 시작했던 그 처음 순간' '시간이 창조되어 시간이 시작된 그 첫 순간'을 뜻한다고 생각을 합니다. 성경의 제일 첫 절인 창세기 1장 1절이 뜻하는 것이 바로 그런 뜻일 수 있기 때문입니다.

조금 깊이 생각해보면 그 태초 이전은 없는 것일까? 분명 하나님이 우주 만물을 창조하셨다면 창조 이전에도 분명 하나님이 계셨을 터인데... 라고 생각할 수도 있습니다.

그렇다면 하나님만 계셨던 그 때도 태초가 아니겠습니까? 그러니까 창세기 1장 1절에서 지적한 태초가 있는가 하면 하나님이 스스로 계셨던 그 영원 전에도 태초라고 할 수 있을 것입니다.

태초라는 말은 같은데 하나님이 우주 만물을 창조하셨을 때의 태초와 그 이전에 하나님만이 존재하고 계셨던 태초, 두 서로 다른 태초

제2편_ 책 속에 제일 귀한 책 **131**

가 있다고 생각을 할 수 있습니다.

그러나 후자의 태초는 사실은 영원 전이기 때문에 제한 된 사람의 머리로는 상상이 어렵습니다.

가까운 의미로 볼 때는 태초란 시간의 시작이라고 말할 수 있고, 영원 전의 의미로 볼 때는 지금 우리가 느끼는 시간의 흐름이 아니라 시간의 개념이 없는 영원이라고 할 수 있을 것이라는 이야기입니다. 다시 말하면 가까운 의미로는 태초는 시간이지만 먼 의미로 태초는 시간이 아니라 영원(전)입니다.

태초라는 말은 두 가지 다른 뜻이 있다고 말할 수 있습니다.

하나는 창세기에 기록된 대로 창조 때의 태초이고(창 1 : 1),

다른 하나는 요한복음에서 말씀하는 하나님만 계시던 영원의 태초 (요 1 : 1)라고 할 수 있습니다.

b) 태초는 창조된 것일까?

물론 가까운 의미로서의 태초(시간)는 창조된 것입니다. 창조 이전에는 없었던 시간이 창조이후부터 흐르게 되었으니까 태초(시간)는 하나님이 창조하신 제품임에 틀림이 없습니다.(창 1 : 1) 창조 이전에는 시간이라는 개념이 없었고 시간의 흐름도 없었기 때문입니다.

먼 의미로서의 태초는 창조 된 것이 아니라 하나님이 존재(요 1 : 1)하시던 영원을 시간적인 개념으로 말하게 된 것입니다.

그 영원의 태초는 하나님과 함께 존재하는 태초라 할 수 있습니다.

c) 태초(시간) 이전과 태초 이후는...?

창세기(1 : 1)에서 시간이 창조된 태초 그 이전은 영원하신 하나님만이 계셨던 것처럼 태초라는 표현이 필요 없는 영원이었을 것입니다. 그 때는 우리가 지금 보고 체험하는 이 세상 우주 만물도 시간도 없었던... 우주의 역사도 인류의 역사도 없었던 그런 영원의 때였습니다.

그리고 태초(창세기의 태초)이후에는 시간이 창조되어 시간이라는 것이 흐르게 되었고 우주와 만물의 역사가 시작이 된 것입니다. 모든 만물이 움직이기 시작 했고 식물은 싹이 나고 잎과 꽃이 피고 열매를 맺으면서 아름다움 세상을 만들어 갔을 것입니다. 동물들은 생명활돌을 시작하고 생육하고 번성하는 일을 했을 것입니다. 그야말로 하나님이 창조하신 세계가 생명력이 넘치는 세상이 되었을 것입니다.

d) 창세기 1 : 1에서의 태초와
　　요한복음 1 : 1에서의 태초는....?

"태초에 하나님이 천지를 창조하시니라."(창 1 : 1)
이 말씀에서 태초는 그 문장이 뜻하는 대로 하나님이 천지를 창조하셨던 시간의 시작을 말씀하고 있습니다. 그 태초가 바로 우주 만물의 시작이고 인류 역사의 시작이라고 할 수 있습니다.

"태초에 말씀이 계시니라. 이 말씀이 하나님과 함께 계셨으니 이 말씀은 곧 하나님이시니라."(요 1 : 1)

이 말씀이 뜻하고 있는 것은 태초에 말씀이 계셨는데 그 말씀이 즉 말씀의 하나님(예수 그리스도)이 하나님과 함께 계셨다는 겁니다.

그 말씀이 영원하신 하나님과 함께 계셨다면 말씀의 하나님이신 예수 그리스도께서도 영원 전에 계셨다는 뜻이 됩니다. 그러니까 요한복음 1 : 1의 태초는 창조 때의 태초가 아니라, 만물이 창조되기 이전 하나님만 계시던 영원 전을 지칭한다고 할 수가 있습니다.

e) 우리가 알고 있는 하나님은 언제부터 계셨을까?(요 1:1 요일 2:13)

우리가 태초하면 흔히 창조 때의 태초를 생각하게 됩니다.

우리가 하나님이라고 하면 우주 만물을 창조하신 하나님이라 생각하게 된다는 뜻입니다. 하지만 기억해야 될 것은 창조 때 창조와 동시에 나타나 존재하신 하나님이 아니라는 사실입니다. 하나님은 영원한 하나님이지 제한을 받는 하나님이 아니라는 이야기입니다.

그러기 때문에 하나님이라고 하면 '영원하신 하나님'과 '창조주 하나님'을 동시에 생각해야 됩니다.

> 요한일서 2 : 13 "아비들아 내가 너희에게 쓰는 것은 너희가 태초부터 계신 이를 앎이요"라고 했습니다.

이 말씀에서도 '태초부터 계신 이'라고 하면 우리는 흔히 '창조 때부터 계신 이'라고 생각할 수 있을 것입니다. 그러나 하나님은 분명 우주 만물을 창조하실 때부터만 계신 하나님이 아니라 영원 전부터 계신 하나님이라는 사실입니다.

이 문장에서 지적하고 있는 '태초부터 계신 이'는 예수 그리스도를 지칭하고 있다는 것도 알 수 있습니다.(요일 1 : 1-2) 그러기 때문에 '태초부터 계신 이'는 창조주 하나님인 동시에 영원 전부터 계신 하나님이신 즉 예수 그리스도를 우리가 알고 있다는 뜻입니다.

f) 시간의 창조와 시작(태초)이 없었다면
  당신이 지금 존재할 수 있을까?

우주 만물은 하나님께서 제한 된 피조물로 창조하셨기 때문에 만물도 영원 속이 아니라 제한 된 시간 속에서만 존재가 가능합니다. 마찬가지로 사람도 역시 제한된 존재로 창조하신 것이지 영원한 존재로 창조하신 것이 아니기 때문에 시간이 없으면 사람도 존재할 수가 없는 것이지요. 다시 말하면 우리는 시간 속에 태어났기 때문에 지금 이 시간에 우리가 살고 있는 것입니다. 만약 내가 시간이라는 것을 받지 못했다면 지금 나는 이 땅에 있을 수가 없는 것이지요.

내가 70 년이든... 80 년이든 이 땅에 살고 있다는 것은 나에게 그 기간의 수명이 주어졌기 때문에 사는 것입니다. 간단히 말해서 하나님께서 나에게 이 세상에서 사는데 필요한 시간을 창조해 주셨기 때문에 지금 내가 사는 것이라는 이야기입니다. 우리는 하나님이 정하신 제한 된 시간 안에서만 살 수가 있는 것입니다.

욥기 14 : 5을 보십시오. "그의 날을 정하셨고 그의 달 수도 주께 있으므로 그의 규례를 정하여 넘어가지 못하게 하셨사온 즉" 이라 했습니다.

　우리는 제한 된 이 세상 시간 속에 살기에 그 시간을 넘어가서 살아 존재할 수가 없다는 뜻입니다. 결국 사람은 주어진 시간 속에 살다가 죽은 후에야 제한된 시간을 벗어나 영원한 본향에 갈 수가 있는 것입니다.

하나님이(God) ....

"태초에 하나님이 천지를 창조하시니라."(창 1 : 1)

a) 하나님은 어떤 분이신가?

우리는 하나님을 유일하신 하나님(유일신)이라고 합니다.

스가랴 14 : 9에도 "여호와께서 천하의 왕이 되시리니 그 날에는 여호와께서 홀로 한 분이실 것이요 그의 이름이 홀로 하나이실 것이라"고 하였습니다.

홀로 하나요, 홀로 한 분이시라는 뜻입니다. "하나"를 뜻하는 "하나님"인데, 그 분이 유일하신 왕이라 그런 이야기입니다. 우리 한국말로 "하나님"이라고 부르는 것이 얼마나 정확하고 자랑스럽습니까?

영어로 God이라고 부르는 것은 정확성이 없습니다.

God(하나님)인지 god(잡신)인지 발음이 똑 같으니까 구별이 안 되는 겁니다. 그런데 우리가 하나님이라고 부르는 그 하나님이 어떤 분이시냐 그런 질문입니다.

우선 성경에서 말씀하고 있는 하나님이 어떤 분이신지 찾아보기로 하겠습니다.

가) 하나님은 살아계십니다.(마 16 : 16)

"시몬 베드로가 대답하여 이르되 주는 그리스도시요 살아계신 하나님의 아들이시니이다."

베드로는 주님이 살아계신 하나님의 아들이심을 체험했기 때문에 고백한 대답입니다. 만약 당신이 "살아계신 하나님" 이라고 시인하기 위해서는 무엇을 근거로 하시겠습니까?

나) 하나님은 볼 수가 없습니다.(요 1 : 18)

"본래 하나님을 본 사람이 없으되 아버지 품 속에 있는 독생하신 하나님이 나타내셨느니라"

하나님은 영이시기에 제한이 되어 있는 우리 인간의 육안으로 볼 수가 없는 분입니다.

다) 하나님은 스스로 존재하십니다.(출 3 : 14)

"하나님이 모세에게 이르시되 나는 스스로 있는 자이니라 또 이르시되 너는 이스라엘 자손에게 이같이 이르기를 스스로 있는 자가 나를 너희에게 보내셨다 하라."

하나님은 창조주이시지 피조물이 아니기 때문입니다.

라) 하나님은 영원하십니다.(시 90 : 2)

"산이 생기기 전 땅과 세계도 주께서 조성하시기 전 곧 영원부터 영원까
지 주는 하나님이시니이다."

하나님은 영원한 존재로서 우주 만물을 창조하신 창조주시지 제한
된 존재가 아니기 때문입니다. 그 분은 시간의 저축을 받지 않으시는
분입니다.

마) 하나님은 전지전능하십니다.(시 147 : 5)

"우리 주는 위대하시며 능력이 많으시며 그의 지혜가 무궁하시도다."

하나님은 그 분의 능력으로 우주 만물을 창조하신 분입니다. 그리
고 우주 만물이 잘 운행이 되도록 직접 그 능력으로 경영하시는 우주
의 주인이십니다.

바) 하나님은 어디나 계십니다.(렘 23 : 24)

"여호와의 말씀이니라 사람이 내게 보이지 아니하려고 누가 자신을 은
밀한 곳에 숨길 수 있겠느냐 여호와가 말하노라 나는 천지에 충만하지
아니하냐."

하나님은 어떤 제한 된 좁은 공간이나 넓은 공간에 계신 분이 아닙니다. 하나님은 지구에도 하늘에도 하늘의 하늘에도 어디나 계시는 분입니다.

그 외에도 하나님을 묘사하려면 지면이 모자랄 것입니다.

b) 창 1 : 1에 기록된 하나님은 어떤 하나님이신가?

우리는 하나님을 부를 때 삼위의 하나님을 각각 따로 호칭 합니다.
성부 하나님은 "하나님, 성부하나님, 또는 아버지 하나님"
성자 하나님은 "말씀의 하나님, 예수님, 예수 그리스도, 메시야, 하나님의 아들"
성령 하나님은 "성령님, 성령하나님, 보혜사, 성신" 등

우리가 일반적으로 하나님이라고 하면 위에 보이는 예대로 성부하나님을 생각하게 됩니다. 창세기 1 : 1에 나타난 "하나님도 오직 성부 하나님이냐?" 그런 생각을 하게 됩니다.

창세기 1 : 26에 보면 "하나님이 이르시되 우리의 형상을 따라 우리의 모양대로 우리가 사람을 만들고..."라고 하셨습니다.

하나님이 "우리"라고 하셨다면 성부하나님 혼자만 가리켜 우리라고 하신 것이 아닙니다. 삼위 하나님을 가리켜 우리라고 하셨을 것입니다. 삼위 하나님께서 창조 사역을 함께 하신 것이라는 뜻입니다. 창조사역에 삼위하나님 모두가 동참하신 것이라 생각이 되는 대목입니다.

과연 성자하나님과 성령하나님도 창조사역을 하셨을까?

골로새 1 : 16에 보면 "만물이 그(예수 그리스도)에게서 창조되되...."라
하였고,
요한복음 1 : 3에도 "만물이 그(말씀의 하나님)로 말미암아 지은 바 되
었으니 지은 것이 하나도 그가 없이는 된 것이 없느니라."

예수 그리스도께서도 창조주시라는 뜻입니다.

또 창세기 1 : 2에는 "땅이 혼돈하고 공허하며 흑암이 깊음 위에 있
고 하나님의 영(성령)은 수면 위에 운행하시니라."라고 하였습니다.
이는 성령께서도 창조사역을 하셨다 그 말씀이 됩니다.

다시 말하면 삼위 하나님 모두 창조사역을 함께 하셨다는 뜻이고,
창세기 1 : 1에 나타난 하나님은 삼위 하나님 모두를 가리키는 하나님
이라고 할 수 있습니다.

c) 하나님이 살아 계신다는 것을 어떻게 증명할 수 있을까?

과학이 생명을 만들 수 있을까? 없습니다. 생명이 있는 생명체라
야 생명을 낳습니다. 생명이 생명을 낳는다는 뜻은 살아있는 생명체
라야 살아있는 생명을 낳는다는 뜻입니다.

피조세계의 모든 생명체는 누가 낳았을까? 그 답은 살아계신 하나
님이 분명합니다. 그러니까 하나님은 생명이 없는 하나님이 아니라
살아계신 하나님이시라는 사실입니다.

d) 하나님이 우리를 사랑하셔서 지적으로 설계하셨다는 것을 어떻게 무엇으로 증명할 수 있는가?

우리는 흔히 "하나님은 사랑이시다." "하나님의 사랑" "사랑이 많으신 하나님"라는 말을 합니다. 그러나 그 사랑을 지식으로는 잘 이해하지만 하나님의 사랑을 직접 깨닫고 체험하는 데는 좀 미약한 면이 있지 않나 생각이 됩니다. 과연 무엇을 보고 하나님이 우리를 사랑하신다고 할 수 있겠습니까?

가정에서 아이들이 부모에게 혹 불평을 할 때 그런 말을 합니다.
"아빠가 나를 사랑한다 사랑한다 하시지만 나한테 무엇을 그렇게 많이 해 주셨느냐?" 라고 말을 하는 경우가 있습니다. 말로만 사랑한다고 하지 사랑한 흔적이 보이지 않는다는 이야기입니다. 무엇으로 아빠가 나를 사랑하셨다는 것을 증명 할 수 있느냐는 겁니다.

우리는 하나님의 사랑을 무엇으로 증명할 수 있습니까?

아버지(부모)가 자녀를 위해 집을 하나 지어준다고 가정합시다. 사랑하는 자녀가 살 집이니까 엉터리로 창고처럼 짓는 것이 아닐 것입니다. 재료는 어떤 것으로 쓰고 방은 몇 개나 만들고 수도와 전기 시설은 어떻게 하는 것이 좋을까 리빙룸은 얼마나 넓게 만들까, 화장실은 어떻게 꾸미고 몇 개나 만들고 카펫을 깔까 아니면 마루를 깔까 등등 살기에 아주 편리하고 안전하게 지어줄 것입니다.

하나님께서도 사람을 사랑하셔서 사람이 살 우주와 지구를 만들어 주시면서 아무렇게나 만들어 놓으셨겠느냐 그런 이야기입니다. 아주 편리하고 살기에 쾌적하게 창조하셨음이 분명합니다.

우리가 살고 있는 지구는 어떻습니까? 해와 달의 거리와 빛의 강도며 지구의 온도와 환경이며 지구의 축이 23.5도가 기울어지게 하신 이유며 지구에 액체상태의 물이 있도록 하신 것이며 이렇게 다른 별에서 볼 수 없는 현상들이 지구에만 있습니다. 지구에서만 생명체가 살 수 있도록 하셨습니다.

그 뿐입니까? 사람에게만 언어를 주셨고 만물을 다스리는 권한을 주셨으며 윤리와 도덕과 양심을 주셨고 지식과 지혜를 주셔서 이렇게 문명인으로 살 수 있도록 하셨습니다.
어떻게 그 많은 것을 다 말로 할 수 있겠습니까?
그 모든 것이 하나님의 사랑이 근거가 된 지적 설계의 작품입니다. 하나님의 사랑이 느껴지십니까?

"천지(天地 ; heavens and earth)를..."

▼

"태초에 하나님이 천지를 창조하시니라."(창 1 : 1)

a) 하나님이 첫째 날 창조하신 것이 무엇인가?

천(하늘)과 지(땅 ; 지구)를 창조하셨습니다. 우리가 살면서 몸으로 또는 우리 감각으로 느끼며 사는 것이 있다면 바로 하늘과 땅일 것입니다. 성경에서 "천지"라고 말씀하고, 우리도 "하늘과 땅"이라고 말하는 것입니다. 하지만 하나님이 창조하신 "천지(天地 ; heavens and earth)"는 말처럼 그렇게 간단하지 않습니다.

그 "천"은 하늘인 동시에 우주이고, "지"는 지구인 동시에 땅과 바다와 만물(식물과 동물 등)이기 때문입니다. 그래서 하나님께서 "우주 만물을 창조하셨다"고 하는 것입니다.

다시 말하면 하나님께서 창조 첫째 날에 앞으로 육일 동안 창조 사역을 하실 창조의 재료로서 태초(시간)와 천(공간 ; 우주)과 지(물질 ; 만물)를 창조하셨다는 이야기입니다. 만약 첫째 날 시간과 공간과 물질을 창조하시지 않았다면 둘째 날부터 창조하실 재료가 없기 때문에 6일 동안 창조하시면서 매일 재료를 당일로 공급하셔야 했을 것입니다. 하나님은 재료가 필요하실 것을 미리 아시고 첫째 날 창조에 필요한 모든 재료를 먼저 창조하셨다는 이야기입니다.

b) 하나님이 창조하신 천(天 ; heavens)이란…?

여기서 생각해 보아야 될 것이 있습니다. 우리 성경에는 간단하게 "천지"라고 했지만 영어성경에서는 "heavens and earth"라고 했습니다. "천(heavens)"은 복수로 되어 있고 "지(earth)"는 단수로 기록되어 있습니다. 왜 그랬을까요? 이는 분명 하늘은 두개 이상이고, 땅은 지구 하나뿐이기 때문일 것입니다.

그렇다면 하늘은 몇 개이며 각 하늘은 어떻게 다른가를 살펴보아야 될 것 같습니다.

우선 고린도후서 12 : 2에 "…. 그는 십 사년 전에 셋째 하늘에 이끌려 간 자라…"

아마도 바울이 계시를 받기 위해 이끌려 올라간 곳이 하나님이 임재하시는 곳이 아닌가 생각이 됩니다. 이 말씀에 의하면 하늘은 적어도 세 개 아니면 그 이상 더 있다는 뜻으로 이해가 됩니다.

천문학이 연구할 수 있는 하늘은 대기권하늘과 우주적 하늘뿐이지만 셋째 하늘부터는 사람이 연구할 수 있는 하늘이 아닐 것이라 생각이 됩니다. 그래서 하늘(천)을 영어 성경에서는 복수로 기록하고 있고, 땅(지)은 단수로 기록 하고 있는 것이 분명합니다.

그렇다면 세 개의 하늘이 어떤 것이겠습니까? 성경에 셋째 하늘이라고 표현한 것으로 보아 순서대로 첫째 하늘이 있고, 다음에 둘째 하늘이 있으며, 그 다음에 셋째 하늘이 있을 것이라고 생각할 수가 있습니다.

그 첫째 하늘은 대기권하늘(atmosphere)이고, 둘째 하늘은 우주적 하늘(space)일 것이며, 세 번째에 가서야 셋째 하늘(third heaven)에 도달할 것이 분명합니다. 물론 제한된 인간의 생각이겠지만 말입니다.

그 셋째 하늘은 고린도후서 12 : 4에 "낙원(paradise)"이라고 기록하고 있습니다. 그 낙원은 하나님의 직접적인 임재로 둘러싸인 곳, 즉 영광스럽고 거룩한 곳이 아니겠는가 그런 생각이 됩니다. 그 셋째 하늘은 하나님의 창조에 의해 나타난 하늘이 아닐 것이라는 뜻입니다.

여기서 또 생각해 보아야 될 것은 지(땅 ; 지구)를 단수(하나)로 기록했다는 뜻은 하늘에 떠 있는 모든 별들은 지구에 포함이 되지 않는다는 뜻일 수 있습니다. 다시 말하면 우리가 생각하기에 별들은 지구처럼 흙으로 된 별일 것이라 생각이 되지만, 하늘에 속한다는 뜻이 될 것이라는 이야기입니다. 그러니까 천(하늘 ; heavens) 속에 그 많은 별들(넷째 날 만들어 두신)까지도 하늘에 포함이 될 우주공간이라는 이야기입니다. 물론 제 생각입니다.

c) 지(地 ; 지구 ; earth)는 무엇인가?

"지(땅)"는 지구를 가리키는 말입니다. 그러나 지(지구)에는 만물의 재료가 다 포함이 되어 있습니다. 그 재료란 바로 물질입니다. 만물의 재료인 물질로부터 생명이 없는 물체도 식물의 몸도, 동물의 몸도 사람의 몸(창 2 : 7)도 만들어지는 것입니다. 성경에 너희는 흙(창 3 : 19)이라고 하신 것입니다. 모든 생명체가 다 흙으로 만들어졌다는 뜻입니다.

그런데 생각해보아야 될 것은 우리 몸을 흙(물질)이라고 하지만 사실은 우리 몸에는 흙(土)보다 물(水)이 더 많이 포함이 되어 있습니다. 물론 흙과 물이 같은 물질입니다. 그렇지만 편의상 흙과 물을 별도로 취급하는 것이 좋겠다는 생각을 합니다. 왜냐하면 그만큼 물의 역할이 크고 중요하고 많기 때문입니다.

다시 말하면 지(땅 ; 지구 ; 물질)는 6일 동안 창조하실 만물의 재료가 되고 있으며 그 재료가 바로 무생명체나 생명체(식물, 동물, 사람)의 몸을 만드는 재료가 된다는 것입니다. 그 때 물은 생명체에 필요한 중요한 재료가 되는 것입니다. 물로 생명체를 만들 수 있다는 말뿐만 아니라 생명체가 살기에 반드시 필요한 요소가 물이라는 이야기입니다.

우선 제가 천문학자가 아니니까 천문학적인 문제는 다룰 수가 없습니다. 그러나 창조의 시각으로 보면 지구와 별들은 다를 수밖에 없습니다. 왜냐하면 지구와 별들은 그 만든 시간과 목적이 다르기 때문입니다.

지구는 첫째 날 만드셨고, 해와 달과 별들은 넷째 날 만드셨습니다. 그러기 때문에 별들을 구성하고 있는 물질과 지구에 있는 물질이 아마도 다를 것입니다.

한 예로 과거에는 태양계는 해가 중심이기 때문에 태양계에 속한 행성이 해로부터 분리되었을 것이라 생각을 했습니다. 그러나 해는 수소와 헬륨으로 되어 있고 지구는 백여 가지 원소로 구성되어 있습니다. 해와 지구의 구성물질이 다르다는 뜻은 지구가 해에서 분리 된 것이 아니라는 뜻입니다. 만들어진 물질(원소)이 전혀 다르기 때문입니다. 지구는 하나님께서 별들보다 먼저 창조하셨고 특별히 생명체가 살 수 있도록 만드셨기 때문일 것입니다. 그래서 지구에는 생명체에 필요한 요소들로 채워져 있다고 보입니다.

과학자들이 혹 다른 별에서 생명체가 살 수 있을까, 연구에 연구를 거듭해도 결국 허사가 되지 않을까 생각이 됩니다. 왜냐하면 보기에는 다른 별도 그 구성요소가 지구와 같아 보일지라도 생명이 살 수 있는 조건이 갖추어지지 않았기 때문입니다. 하나님이 지구에만 생명체가 살 수 있도록 만드셨다면 아무리 연구를 해도 다른 별들에는 생명체가 살기에는 불가능하다는 이야기가 되기 때문입니다.

e) 지구(땅, 흙)는 사람과 무슨 관계가 있는가?

지구는 사람의 생존에 필요한 모든 것을 공급합니다. 우리의 몸도 우리가 먹는 음식도 심지어 지구를 통해서 하나님이 우리를 사랑하신다는 사실도 하나님께서 과학적으로 우주 만물을 창조하셨다는 사실도 깨달아 알 수 있게 하셨습니다.

지구상에 있는 생명들과 만물을 사람이 다스리도록 하나님께서 사람에게 허락하셨다면 사람을 지구의 주인으로 삼으신 것이 분명합니다. 사람은 우연히 그렇게 된 것이 아니라 하나님께서 세상 어떤 동물보다도 사람을 으뜸으로 만들어 주신 것입니다.

f) 지구에는 왜 물이 많을까?

성경에 너희는 흙이니 흙으로 돌아가라고 하셨지만 만약 물이 없고 흙만 있다면 생명체가 만들어질 수도 없고, 살아갈 수도 없습니다. 물의 역할은 우리가 항상 체험하고 있으니 설명이 따로 필요가 없을 것입니다.

물은 우리 몸을 구성하는데 반드시 필요하고(약 70%), 우리가 매일 마셔야 하고 음식에 포함이 되어 있고 닦고 녹이고... 또 물이 생명체가 살기에 적합한 환경도 만들어 줍니다. 물이 없는 세상을 생각해 보면 알 것입니다.

그래서 과학자들이 다른 별에서 혹 물이 있을까 탐사를 거듭하고 있는 것입니다. 물이 있으면 생명체가 혹 살 수 있을테니까....

"창조(God created...)하시니라."

▼

"태초에 하나님이 천지를 창조하시니라"(창 1 : 1)

a) 하나님이 사람을 사랑하셔서 이루신 최초의 업적은...?

하나님께서 우주 만물을 창조하셨다는 사실입니다. 하나님께서 사람을 사랑하셔서 창조하셨다는 증거 중 하나로 사람이 생존하기 위해 필요한 모든 터전과 재료와 환경과 조건 그리고 음식 재료를 먼저 창조하셨습니다. 사람에게 필요한 모든 준비가 완료된 후, 제일 마지막 날에 사람을 창조하셨습니다. 그것은 사람을 위해 하나님께서 그렇게 설계하셨다는 증거입니다.

첫째 날 우주 만물의 창조 재료로서 시간(태초=In the beginning)과 공간(천=하늘=heavens)과 물질(지=지구=earth)을 창조하셨습니다.

둘째 날에는 첫째 날 창조하신 재료를 이용하여 생명체가 생존하기에 가장 적합한 기후와 환경을 만들어 주셨습니다. 첫째 날 창조하신 물을 궁창 위의 물과 궁창 아래의 물로 나누어서 지상에 식물과 동물 그리고 사람이 살기에 적합한 환경을 만드셨다는 것입니다.

셋째 날에는 지구를 완전히 덮고 있던 물을 한 곳으로 모이게 하셔서 바다를 이루게 하시고 흙이 드러나 육지가 되게 하셨습니다. 그 후 동물이나 사람이 먹고 살 수 있는 식물이 땅에서 나게 해 주셨습니다.

넷째 날에는 우주 공간에 해와 달과 별들을 만들어 두심으로 지구가 내적으로나 외적으로나 안전하게 운행이 되도록 하셨습니다.

다섯째 날에는 움직이는 생명체로서 물(바다)에는 물고기와 바다에서 사는 큰 짐승을 창조하셨고 공중에는 날아 다니는 새를 창조하셨습니다.

여섯째 날.. 마지막 날에는 각종 육지 동물(육축과 기는 것과 땅의 짐승)을 만드시고 제일 마지막에 사람을 창조하셨습니다.

b) 창조라는 말의 의미는...?

창조라는 말의 뜻은 아무것도 없는 데서 있도록 한 것입니다. 즉 무(無)에서 유(有)를 창조하셨다는 뜻입니다. 이 우주 만물은 전혀 없었던 것인데 하나님의 말씀으로 있게 된 것입니다. 그래서 하나님께서 창조하셨다고 말씀하고 있습니다. 창세기 1장에는 창조라는 단어가 4번 기록이 되어 있습니다. 하지만 하나님께서는 창조를 3번 하신 것으로 생각이 됩니다.

c) 하나님께서 육일동안 사역하신 일이 모두 창조인가?

질문의 요점은 둘째 날 궁창을 만드시고 궁창 위의 물과 궁창 아래의 물로 나뉘게 하신 것과 셋째 날 천하의 물을 한 곳으로 모이게 하시고 물이 드러나라고 하신 것 등이 모두 창조냐? 그런 뜻입니다. 물론 없었던 현상이 있게 되었으니까 창조라고 할 수는 있을 것입니다. 그러나 둘째 날이나 셋째 날의 사역은 진정 없었던 것이 있게 한 것은 아니라고 생각이 됩니다. 첫째 날 창조하신 재료를 가지고 "나뉘라." "드러나라." 등 명령으로 목적하셨던 사역을 완수하신 것이라 생각됩니다. 하지만 그 사역은 무에서 유를 창조하신 것이 아닙니다. 그러기 때문에 "나뉘라." "드러나라."라고 하신 것은 진정한 창조가 아니라 생각이 됩니다.

d) 진정한 창조는 어떤 것인가?

창세기 1장에서 창조라는 단어를 사용한 곳이 4번이라 했습니다.

1절 "태초에 하나님이 천지를 창조하시니라."
21절 "하나님이 큰 바다 짐승들과 물에서 번성하여 움직이는 모든 생물을 그 종류대로 날개 있는 모든 새를 그 종류대로 창조하시니 하나님이 보시기에 좋았더라."
27절 "하나님이 자기 형상 곧 하나님의 형상대로 사람을 창조하시되 남자와 여자를 창조하시고"

이렇게 4번입니다. 하지만 27절에서의 창조라는 말씀은 같은 의미의 창조라 할 수 있습니다.

다시 말하면 1절에서는 창조사역에 필요한 모든 재료(시간, 공간, 물질)를 창조하셨고 21절에서는 혼적인 존재인 움직이는 생명체를 창조하셨으며, 27절에서는 영적 존재이며 하나님의 형상인 사람을 창조하셨다는 말씀입니다. 단어는 4번이지만, 창조의 뜻으로는 3가지 만이 진정한 창조라고 생각을 하는 것입니다.

e) 하나님께서 과연 무에서 유를 창조하셨을까?

성경을 보십시오. 히브리서 11 : 3에 "믿음으로 모든 세계가 하나님의 말씀으로 지어진 줄을 우리가 아나니 보이는 것은 나타난 것으로 말미암아 된 것이 아니니라."(개역개정)

"믿음으로 우리는 이 세상의 모든 것이 하나님의 말씀으로 창조되었으며 보이는 것이 보이지 않는 것으로 만들어졌다는 것을 압니다."(현대인의 성경)

"By faith we understand that the universe was formed at God's command, so that what is seen was not made out of what was visible."(NIV)

위의 말씀을 깊이 생각하면서 읽어보십시오.

과연 아무 것도 없는 무(無)에서 유(有)가 창조되었다고 할 수 있으십니까?

성경은 보이지 않는 것까지도 하나님께서 창조하셨다고 말씀 하셨습니다.(골 1 : 16)

그렇다면 보이지는 않지만 아무것도 없는 무(無)라고 할 수 없는 경우도 있을 수 있다는 뜻입니다. 그러니까 무(無)에서 유(有)를 창조하셨다고 생각할 수고 있고, 유(有)에서 유(有)를 창조하셨다고 할 수도 있다는 사실입니다.

실제로 우리 눈에 에너지는 볼 수가 없습니다. 하지만 에너지는 곧 물질이고 물질은 곧 에너지라는 사실은 과학이 증명하고 있습니다. 깊이 생각하고 연구해야 될 사항입니다.

"땅이 혼돈하고....
하나님의 영은 수면 위에 운행..."

▼

"땅이 혼돈하고 공허하며 흑암이 깊음 위에 있고
하나님의 영은 수면 위에 운행하시니라."(창 1 : 2)

a) "땅이 혼돈하고 공허하며...."

하나님이 창조하신 땅이 왜 혼돈하며 공허할까?

하나님께서 지구를 창조하시는 시작 과정이지만 창조하시는 그 과정에서 지구가 아직 형체가 갖추어지지 않고 아무런 질서도 없어서 혼돈상태고 완전히 비어 있는 상태란 뜻이 아니겠습니까? 하나님께서 창조하시려고 목적했던 제품들... 즉 식물도 동물도 사람도 아직 창조되기 이전 그 재료인 물질(땅과 물)만 창조하셨을 뿐 그 외에는 아무 것도 없는 상태이기 때문에 혼돈하고 공허하다고 했을 것입니다.

영어 성경에서도 "Now the earth was formless and empty"라고 했습니다.

다시 말하면 지구의 표면이 아직 정지작업이 다 되지 않은 상태인 것 같습니다. 하나님께서 지구에 생명체가 살도록 할 목적이었지만 아직은 생명체가 살 수 있는 조건이 되지 않는 상태입니다. 혼돈된 상태, 공허한 상태라 그런 이야기입니다.

성경에는 "혼돈하고 공허한" 지구의 상태를 한 번 더 말씀을 하신 곳이 있습니다.

예레미야 4 : 23을 보십시오. "보라 내가 땅을 본즉 혼돈하고 공허하며 하늘에는 빛이 없으며"

이 말씀은 창조 때 빛이 창조되기 이전을 말씀하신 것이 아니라 마지막 때 지구의 모습을 보고 말씀하신 것입니다. 그런데 그 지구의 마지막 모습이 지구가 창조될 당시 형체가 갖추어지지 않았던 때의 모습과 똑 같은 모습이라는 말씀입니다.

왜 그런 말씀을 하셨을까요? 그 말씀은 아무 것도 없는 데서 지구를 창조하셨던 때의 모습과 같이 역으로 우리가 살고 있는 지구가 다시 혼돈하고 공허한 상태로 돌아가는 모습을 보여주신 말씀이 아닌가 생각이 됩니다. 그 때(지구가 종말을 맞을 때)는 다시 아무것도 없는 상태가 될 것입니다. 즉 지구가 창조될 때나, 마지막 심판 때가 지구의 형편이 같다는 말씀입니다. 지구를 창조하신 하나님께서 지구는 영원하지 않다는 뜻으로 말씀을 하신 것 같습니다. 결국 멸망을 예고하신 것이겠지요. 그 말씀을 유다(이스라엘) 민족에게 하셨다는 것을 깊이 생각해 보아야 될 것 같습니다.

b) "흑암이 깊음 위에 있고..."란 무슨 뜻일까?

땅이 혼돈하고 공허한 것이 지구의 외형적인 상태라고 한다면 흑암이 깊음 위에 있다고 한 것은 당시 지구의 환경이라 할 수 있을 것입니다. 빛이 아직 나타나기 직전이기 때문에 칠흑 같은 어두움이 지구를 완전히 덮고 있었던 모습입니다. 지구가 혼돈하고 공허한 상태에서 "하나님의 영은 수면 위에 운행하시니라."라고 말씀한 것으로 보아 물은 지구의 땅을 완전히 덮고 있었고 어두움도 지구 전체를 덮고 있었던 것 같습니다. 그믐에 칠흑 같은 어두움이 깊은 물 속이나 물 밖에나 분간하지 못할 정도로 어두워서 완전히 깜깜했다는 이야기입니다.

c) "하나님의 영은 수면 위에 운행하시니라."

여기서 하나님의 영이 누구입니까? 하나님의 영은 성령입니다. 창조 첫째 날 하나님의 영이 수면에 운행하신 것으로 보아 성부 성자 성령 하나님 즉 삼위 하나님이 모두 창조에 동참 하셨다는 뜻입니다. 지난번에 첫째 날 시간과 공간과 물질(땅과 물)을 창조하셨다는 말씀을 했습니다. 하지만 물질을 편의상 흙과 물을 구별해서 별도로 취급하는 것이 좋을 것 같습니다. 왜냐하면 하나님께서 지구를 만드셨는데 물이 전 지구를 완전히 덮고 있을 뿐만 아니라 물은 생명체에 없어서는 안 될 중요한 요소이기 때문입니다.

지구(地球)인데도 불구하고 "하나님의 영(성령)이 지면(地面) 위에서 운행하시니라."고 하신 것이 아니라 "수면(水面) 위에서 운행하시니라."고 말씀을 하고 있는 겁니다. 만약 땅이 표면에 나타나 보였다면 지구(地球)니까 지면(地面)에서 운행하신다고 해야 마땅합니다. 그러나 땅이 나타나 보이지 않고 물이 땅을 전부 덮고 있으니까 수면에 운행하신다고 한 것이 분명합니다. 그 말씀은 하나님께서 물을 그만큼 많이 창조하셨다는 뜻일 것입니다.

d) 지구를 덮을 만큼 많았던 물은 어떤 물이었나?

질문의 요점은 창조 첫날 하나님께서 창조하신 물의 성분이 무엇이냐? 다시 말하면 하나님께서 창조하신 물이 어떤 성분이냐? 소금물이냐 민물이냐? 그런 질문입니다. 일반적으로 우리가 물이라고 하면 민물을 말하는 것이지 다른 성분을 포함한 물은 아니기 때문입니다. 그런데도 창조 첫날 창조하신 물은 전부가 소금물이었다는 사실입니다.(창 1 : 10) 창조 첫째 날 창조하신 최초의 물이 전부 소금물이었다는 사실과 왜 소금물로 창조하셨는가? 에 대한 답은 창조 셋째 날까지 묵상하시면 전부 문제가 풀릴 것입니다.

신비(神秘)이기에...

우주 만물은 창조주이신 하나님께서 창조하셨습니다.
세상에 어느 하나 우연이나 저절로 생긴 것이 없습니다.
하나님이 그의 지혜와 능력으로 창조하셨기에 세상에는 신비한 것들이 많습니다.

하나님께서 창조하신 제품들이 모두 신비하지만
신비에는 과학적으로 창조된 것들이 많습니다.
그러기에 그 신비를 연구하는 것이 곧 과학이 되는 것입니다.
만약 과학적 이치에 맞지 않도록 창조 하셨다면 과학을 연구할 수가 없습니다.

하나님께서 창조하셨다는 사실을 외면하고
신비한 것들을 과학에만 치중해서 연구하게 되면 연구한 과학자만 위대해 집니다.
과학의 문명시대에 과학 때문에 하나님을 외면하는 이유가 바로 거기에 있습니다.
오히려 우리는 과학을 통해 하나님의 신비를 체험하고 인정해야 마땅합니다.

세상에 신비가 많이 있듯이 성경에도 신비가 많이 기록되어 있습니다.
세상 사람들이 세상에 살고 있으니까
세상에 있는 신비한 것에 대해서는 관대합니다.
하지만 성경에 기록된 신비에 대해서는 관대하지 못한 것 같습니다.
성경에 기록된 신비에 대해서는
상식에 맞지 않는다, 과학적으로 틀리다고 반박을 합니다.

하나님을 부인하는 것
하나님의 능력을 인정하지 못하는 것 그것이 바로 인간의 죄성입니다.

"빛이 있으라 하시매 빛이 있었고..."

▼

"하나님이 이르시되 '빛'이 있으라 하시니 '빛'이 있었고 '빛'이 하나님이 보시기에
좋았더라. 하나님이 '빛'과 어둠을 나누사 하나님이 '빛'을 낮이라 부르시고 어둠을
밤이라 부르시니라. 저녁이 되고 아침이 되니 이는 첫째 날이니라."(창 1 : 3-5)

And God said "Let there be light" and there was light.(3)

a) 하나님이 '빛'을 창조하셨다고 하지 않고 왜 '있으라.'고 하셨을까?

일반적인 생각

첫째 날 하나님의 명령으로 존재하게 된 빛은 넷째 날 만드신 해
(태양)와는 별개의 빛으로 하나님께서 창조하신 이 '빛'은 에너지원
이라고 합니다. 그런데 창조를 선포하시는 창세기 1장인데 빛은 왜
창조라고 말씀을 하시지 않고 "빛이 있으라."고 하셨는지 깊이 생각
해 보아야 합니다.

성경적인 묵상

이 문장으로 볼 때 빛은 피조물이 아니라는 느낌이 듭니다. 왜냐하
면 창조하셨다고 하지 않고 '있으라.'고 하셨기 때문입니다. 빛은 창

조 된 우주에서가 아니라 어딘가에 이미 있었던 존재가 아닌가 생각이 됩니다. 그렇다면 빛의 존재를 우선 성경에서 찾아보기로 하겠습니다.

> "여호와는 나의 빛이요...."(시 27 : 1)
> "... 여호와가 네 영원한 빛이 되고..."(사 60 : 20)
> "... 여호와께서 나의 빛이 되실 것임이로다."(미 7 : 8)
> "... 곧 하나님은 빛이시라...."(요일 1 : 5)
> "참 빛 곧 세상에 와서 각 사람에게 비추는 빛이 있었나니 그가 세상에 계셨으며 세상은 그로 말미암아 지은 바 되었으되 세상이 그를 알지 못하였고"(요 1 : 9-10)
> "예수께서 또 말씀하여 이르시되 나는 세상의 빛이니 나를 따르는 자는 어둠에 다니지 아니하고 생명의 빛을 얻으리라."(요 8 : 12)
> "내가 세상에 있는 동안에는 세상의 빛이로라."(요 9 : 5)
> "... 홀연히 하늘로부터 빛이 그를 둘러 비추는지라."(행 9 : 3)

이상의 구절들에서 '빛'은 하나님, 또는 예수님과 동격이라는 느낌이 들게 됩니다. 그러니까 하나님께서 제한 된 세상에 '생명의 빛'으로 '에너지원'으로 '생명(력)'으로 오셨다고 할 수 있습니다. 그래서인지 성경에서 창조란 말씀을 하지 않고 제한 된 세상에 존재하라는 뜻으로 '있으라.' 하신 것 같습니다. 그렇다고 하나님이 우리가 볼 수 있는 가시적인 '빛'이라는 뜻은 아닐 것입니다. 넓은 의미의 '빛'이지만 생명(력)으로 에너지로 인간의 머리로 상상도 못하는 어떤 신비한 존재로 세상에 오셨다는 이야기입니다 세상에는 분명 '빛'이 있습니다. 세상에 있는 '빛'은 누구나 해(태양)로부터 온다고 생각을 할 것입니다. 과학자들에 의하면 해는 수소와 수소가 결합하여 헬륨으로 변하는 핵 융합반응으로 태양에너지를 방출한다고 합니다. 다시 말하면 수소 폭탄(1초에 100만 톤급 원자탄을 1000만개씩)이 쉬지 않고 폭발해서 빛과 열을 낸다는 이야기입니다.

생각해 보십시오. 세상 어떤 폭탄도 뇌관을 터트리지 않고 자연적으로 폭발할 수 있습니까? 뇌관이 있어야 됩니다. 같은 이치로 해의 수소 폭탄을 누가 처음에 폭발하도록 시작했을까요? 뇌관의 역할을 무엇이 했을까 그런 질문입니다. 저절로...? 아닙니다. 저절로는 아니겠지요. 지금 지구상 각국이 가지고 있는 핵을 다 합하면 얼마나 될까요? 아마도 엄청난 숫자일 것입니다. 그 많은 핵이 저절로 폭발하지는 않습니다. 누군가 버튼을 눌러야 폭발할 것입니다.

첫째 날 빛을 세상에 있게 하신 하나님의 빛(에너지)이 해의 뇌관 역할을 했을 것이 분명합니다. 그래서 하나님께서 바로 그 빛으로 하여금 '있으라.'고 하신 것이라 생각이 됩니다. 그것이 바로 넷째 날 태양을 만들기 이전에 '빛'이 있도록 하신 이유일 것입니다.

b) "빛이 있으라."는 명령으로
    세상에 무슨 현상이 일어났는가?

"하나님이 빛과 어둠을 나누사..."

빛과 어둠... 즉 명암이 생기게 되었습니다. 가시적인 명암뿐만 아니라 빛을 따르는 빛의 자녀와 어두움의 세력을 따르는 어두움의 세력들도 후에 생기게 되었습니다. 왜냐하면 빛이 어두움에 비쳐도 깨닫지 못할 때가 있기 때문입니다.(요 1 : 5)

"하나님이 빛을 낮이라... 어둠을 밤이라..."

빛이 있게 됨으로 낮과 밤이 생기게 되었습니다. 물론 그것은 하나님의 계획이겠지요. 동전은 반드시 양면이 있을 수밖에 없는 것처럼 지구에는 낮과 밤이 반드시 있도록 해야 되기 때문일 것입니다.

"저녁이 되고 아침이 되니..."

하나님이 시간을 창조하셨는데 그 시간이라는 것의 흐름이 저녁이 되고 아침이 됨으로 확인이 된 것 같습니다. 만약 저녁이 되고 아침이 되는 일이 없도록 지구가 자전을 하지 않는다면 과연 우리가 시간의 흐름을 알 수 있을까 생각해 볼 일입니다.

빛은 에너지와 생명력입니다.

빛은 단순히 명암이나 밤과 낮을 구분하는 역할만 하는 것이 아니라 빛은 에너지입니다. 다시 말하면 생명체의 생명력은 빛으로부터 그 에너지를 공급받는다고 해도 과언이 아닐 것입니다.(요 1 : 3-4) 우리 몸의 각 장기들도 빛으로 인해 더 활기찬 생명력을 얻게 되는 것이지요. 예를 들어 동물들이 전혀 빛이 없는데서 오래 있게 되면 눈이 퇴화되고 맙니다.

빛은 식물의 탄소동화작용에 없어서는 안 될 요소입니다.

식물도 그 생명력을 빛으로부터 공급받아 산다는 것은 상식입니다. 식물이 빛이 없으면 탄소동화작용을 하지 못하게 되니 더 말할 필요도 없을 것입니다.

빛은 열을 공급

빛이 열을 공급한다는 것 역시 누구나 아는 상식입니다. 다만 빛이 지구에 사는 모든 생명체에 얼마나 귀한 역할을 하는지 다시 한 번 체험하려는 것입니다.

c) '빛' 이라는 이름은

하나님께서 인류 역사상 최초로 명명한 이름입니다.

사람에게 말 즉 언어가 있다는 것이 얼마나 감사한 일입니까? 만약에 사람에게 언어가 없었다면 지금 인류는 어떤 모습일까? 한 번 생각을 깊이 해 보아야 될 일입니다. 만약 언어가 없었다면 인류는 짐승과 다름이 없을 것입니다.

하나님께서 인류에게 언어를 주시고 그 언어를 통해서 하나님이 사람을 사랑하셔서 우주 만물을 창조하셨다는 사실을 깨닫게 합니다. 현재 우리가 누리고 있는 모든 문명도 점점 더 발전해 나갈 수가 있었던 것입니다. 인류가 언어를 통해 하나님의 창조와 하나님의 사랑을 깨닫도록 하시려고 창조 첫날부터 말씀을 하셨습니다. 하나님께서 처음으로 이름을 주신 단어가 "빛" 이라는 사실입니다. 그래서 "하나님이 이르시되..." 라고 말씀을 하셨음을 기록하고 "빛" 이라는 이름을 주시고 그 이름을 통해 문화가 발전하도록 하신 것입니다.

다시 말해서 인류의 문화는 언어로부터 시작이 되었다는 이야기입니다. 아담이 제일 먼저 언어로 시작한 것이 무엇입니까? 만물의 이름을 짓는 일이었습니다.(창 2 : 19) 언어의 문화는 바로 이름으로부터 시작되었다는 이야기입니다.

생명체가 환경이 맞지 않으면...

생명체가 환경이 맞지 않아도 살 수 있을까?
물론 살 수가 없을 것이다.
북극이나 남극지방, 풀 한포기 없는 사막 한 가운데에는
생명체가 살기에는 적당하지 않다.

하물며 달과 별에 어찌 생명체가 살 수 있을까...?
생명체가 살 수 있는 환경이 아닌데...
사람도 아는 이런 사실을 하나님이 모르실 리가 없을것이다.

하나님께서 첫째 날 모든 만물의 재료를 창조해 놓으시고
생명을 위해 좋은 환경을 만들 생각을 안 하셨겠는가?
분명 하셨을것이다.

그 후 둘째 날
하나님이 물과 물 사이에 궁창을 만드신 것이다.(창 1 : 6-8)
물과 물 사이의 궁창은 대기권하늘이다.
생명체들이 살기에 적합한 환경을 만들어 주시기 위한 공간이다.
지구 전체가 남북극이 모두 아열대 온도의 환경이었다.

"... 물 가운데에 궁창이 있어
물과 물로 나뉘라..."

▼

"하나님이 이르시되 물 가운데에 궁창이 있어 물과 물로 나뉘라 하시고 하나님이 궁창을 만드사 궁창 아래의 물과 궁창 위의 물로 나뉘게 하시니 그대로 되니라 하나님이 궁창을 하늘이라 부르시니라 저녁이 되고 아침이 되니 이는 둘째 날이니라"(창 1 : 6-8)

환경이란 무엇일까? 물질만을 가지고도 좋은 환경이 만들어질 수 있을까?

과연 보이는 물질만으로도 좋은 환경이 만들어질 수 있는지 아니면 사랑이 담긴 설계가 함께 할 때 비로소 좋은 환경이 만들어지는지 묵상해 보시기를 바랍니다.

a) 둘째 날 만드신 궁창은 무엇일까?

8절에 의하면 하나님께서 궁창을 만드시고 그 궁창을 하늘이라 부르셨습니다. 하나님께서 하늘이라고 부르신 궁창은 우리가 살고 있는 공간인 대기권 하늘이라고 할 수 있습니다. 그러니까 첫째 날 말씀드린 대로 하늘이 적어도 3개가 있다고 할 때 여기서 등장한 하늘(궁창)은 대기권하늘(atmosphere)이다 그런 이야기입니다.

대기권 하늘에는 생명체가 호흡을 하면서 살기에 적합하도록 공기를 구성하셨습니다. 질소가 78% 산소가 21% 기타 1%의 분포로 되어 있습니다. 이 때 산소가 너무 많으면 지상에 항상 화재가 일어날 것이고 산소가 좀 모자라면 생명체가 호흡을 하기에 어려움을 겪을 것입니다.

마치 고산지방에 등반하면 산소가 모자라 호흡이 곤란해지는 것과 같습니다. 그러니까 물과 물 사이에 있게 된 궁창은 물질을 가지고 만들었지만 생명을 사랑하시는 하나님이 지적으로 설계한 작품(환경)이라는 이야기입니다.

b) 궁창 위의 물은 어떤 것일까?

궁창 위의 물이라고 한 것은 수증기층이라 할 수 있습니다. 액체 상태의 물은 공중에 떠 있을 수가 없기 때문입니다. 하나님께서 궁창 위의 물과 궁창 아래의 물의 비율을 성경에 말씀하지는 않았습니다.

하지만 노아 홍수 때 "하늘의 창문들이 열려 40 주야를 비가 땅에 쏟아졌더라."(창 7 : 11-12)고 하신 것을 보면 엄청난 양의 물이 비로 내렸던 것이라 생각이 됩니다. 노아 홍수 때까지는 지구상에 비가 내리지 않았고 안개만 땅에서 올라와 온 지면을 적셨더라.(창 2 : 5-6)고 했습니다.

궁창 위의 물을 어떤 역할을 하게 하시려고 수증기 층으로 공중에 즉 궁창 위에 두셨을까? 그 이유가 바로 하나님께서 생명체를 사랑하셔서 설계하신 쾌적한 환경이라는 이야기입니다. 태양으로부터 내려오는 생명체에 유해한 모든 광선(자외선, 적외선, 감마선 등)은 차단하고 오직 유익한 광선만 통과시켜서 생명체가 잘 살 수 있는 환경을 만들어주고자 하신 것입니다.

노아홍수 이전에는 열대 지방이나 한대 지방의 구별이 없이 모두 온화한 아열대 온도였다는 이야기입니다. 그 당시에는 지구상에 매머드(mammoth)들이 살았고 거대한 나무들이 있었으며 사람도 900년 이상을 살았던 것입니다.

c) 궁창 아래의 물은 우리가 아는 일반적인 물일까?

지구상에 있는 모든 물을 사람들이 일반적으로 물이라고 알고 있습니다. 그러나 하나님이 창조하신 그 물은 물이되 염분이 있는 소금물이었습니다. 지금 지구상의 모든 물의 97%가 소금물인 것을 보면, 창조 당시 민물(담수)을 창조하지 않으신 것으로 보아 하나님께서 창조하신 물은 100% 소금물이었던 것 같습니다.

하나님께서 모든 물을 소금물로만 만드신 이유가 무엇이겠습니까? 생명체가 지구상에 되도록 오래 보존할 수 있도록 하기 위해서였던 것 같습니다. 만약에 하나님께서 소금물이 아닌 100% 민물(담수)로만 창조하셨다면 지구상에 생명체는 천년도 보존할 수가 없었을 것입니다. 그것도 역시 하나님의 생명을 사랑한 지적인 설계의 결과일 것입니다.

d) 둘째 날 창조 사역을 하신 하나님은 왜 보시기에 좋았다고 안 하셨을까?

창세기 1장을 읽다보면 특이한 것을 발견할 수 있습니다. 창조 6일 동안 창조사역을 하시면서 매일 창조를 마치시고 "보시기에 좋았더라."고 하셨습니다. 그런데 유독 창조 둘째 날에는 창조 사역을 하시고도 "보시기에 좋았더라."는 말씀을 하시지 않았다는 사실입니다. 우리 생각에는 생명체로 하여금 살기에 아주 좋은 환경을 만드신 작품이 얼마나 훌륭한 작품입니까? 그런데 왜 "보시기에 좋았다."고 안 하셨을까.

그런 의문을 가지고 관심 있게 과거와 현재를 살펴보면 하나님께서 "보시기에 좋았더라."고 말씀하지 않으셨던 이유를 발견할 수가 있을 것 같습니다. 무엇인가 하면 창조 둘째 날 사역하신 작품들이 대부분 지금은 볼 수가 없다는 사실입니다.

수증기 층이 지금은 없고 당시 만들었던 온화한 환경도 지금은 없어졌고, 매머드도... 거목들도.... 900 년 이상을 살았던 수명도... 지금은 찾아볼 수가 없습니다. 그 뿐입니까? 노아 홍수로 기식 있는 모든 동물을 모두 멸망시키신 사실입니다. 다시 말하면 하나님께서 앞으로 없어져야 할 작품을 만드시면서... 없어져야 될 이유도 아시면서...

하나님의 심정이 보시기에 좋으셨을 리가 없으셨을 것이라는 말씀입니다.

오히려 둘째 날 창조 사역을 하시면서 하나님께서는 우울하지나 않으셨는지... 생명체와 사람을 사랑하시는 하나님이 보시기에 안 좋은 일을 하시면서 우울해하셨던 그 깊은 뜻을 우리가 어찌 다 헤아릴 수가 있겠습니까?(제 추측입니다만...)

그러나 하나님께서는 둘째 날 만드신 그 좋았던 환경이 없어지는 대신에 지금은 수증기 층이 있었던 자리에 오존층으로 대치해 주셨습니다. 왜냐하면 대기권하늘의 환경을 수증기 층만 못할지라도 생명체가 살기에 어느 정도 적합하게 하시려는 뜻인 듯싶습니다.

수증기 층이 없어진 후부터 온화한 아열대 기후 대신에 지구상에는 계절이 생기고 추위와 더위가 생겼습니다. 창세기 8 : 22에 보면 "땅이 있을 동안에는 심음과 거둠과 추위와 더위와 여름과 겨울과 낮과 밤이 쉬지 아니하리라."고 하셨던 것입니다.

e) 환경호르몬은 환경과 어떤 관계가 있는 것인가?

우선 환경호르몬이 무엇인가? 환경하고 관계가 있는 것인가? 환경호르몬이란, 인류의 문명으로 발생한 오염물질(화학물질)이 생명체에 들어가 정상적인 내분비계를 교란시키거나 방해하고 스스로 호르몬처럼 작용을 하는 물질(환경호르몬)을 일컫는 말입니다.

쉽게 말하면 문명의 산물인 화학물질이 생명체에 들어가 마치 정상적인 호르몬처럼 역할을 해서 정상 호르몬의 기능을 방해하는 가짜 호르몬입니다. 플라스틱(plastic) 제품 각종 세제 각종 농약 각종 살충제 각종 가정 소모품 등에서 나오는 화학물질이 식물이나 동물 또는 인체에 들어가 내분비계를 교란시킨다는 이야기입니다. 문제는 호르몬이 아닌 화학물질이기 때문에 생명체의 기능에 막대한 해를 입힌다는 점입니다. 가짜가 진짜처럼 역할을 해서 몸이 비정상적인 생리작용을 하도록 한다는 이야기입니다.

예를 하나 들면 환경호르몬이 남성호르몬의 작용을 방해해서 남성 성기가 생식능력을 상실 하도록 한다는 이야기입니다.(Florida의 악어--생식능력 상실) 그런 영향으로 불임이 나타나고 멸종으로까지 이어질 수 있다는 이야기입니다.

지구에만 왜 생명체가 있을까

북극이나 남극에서는 일반인이 살 수가 없다.
에베레스트 산 꼭대기나 사막 한 가운데에도 사람이 살기에는 너무 어렵다.
수성이나 금성 화성 목성 등 다른 별에도 사람이 살고 있다는 뉴스는 아직 없다.
그런 곳에는 생명체가 살 수 있는데 필요한 것들을 공급할 수가 없고 생명체가 살기에 적당한 환경이 되지 않기 때문이다.

어떻게 해서 지구에만 생명체가 살도록 되어 있을까?

첫째 지구에는 생명체가 살기에 필요한 액체 상태의 물이 있다. 물이 식물을 자라게 해서 농사를 할 수 있다. 그래서 동물도 사람도 먹고 살 수가 있다. 우주 학자들이 다른 별에서 물을 찾는 이유다. 물이 있으면 생명체가 살 수 있기 때문이다.

두 번째로 지구에서 생명이 살 수 있는 적당한 환경을 하나님께서 창조 때 이미 만들어 놓으셨다는 것이다. 그것이 대기권 하늘(궁창)이다. 질소 78%에 산소 21% 기타 1%를 섞어서 사람이 마시기에 적합한 공기를 만들어 주셨다. 창조 때 만드신 궁창은 지금보다 더 환경이 좋아서 노아 홍수 이전까지는 사람이 900년 이상을 살았다.

세 번째로 지구 주위에 있는 해와 달과 모든 별들의 크기와 거리를 적당하게 배치해 놓으셨기 때문이다. 예로 들면 해는 지구에서 1억 5천만 km라고 한다. 지구 생명체가 해의 빛을 가장 적당하게 누릴 수 있는 거리다. 더 멀면 얼어 죽고 더 가까우면 뜨거워 타서 죽는다. 지구에서 달까지의 거리는 38만 5000km라고 한다. 현재 그 거리가 적합하다는 이야기다. 만약 지금보다 더 가까우면 지구에는 매순간마다 쓰나미가 일어날 것이다. 배들의 항해는 고사하고 바닷가에서 사는 어부의 고기잡이도 못할 것이다. 만약 지금보다 조금만 더 멀면 바다는 오염이 심할 것이다. 사람이 먹을 지하수도 오염으로 공급이 어려울 것이다.

네 번째로 지구를 이루고 있는 물질인 흙이다. 흙은 식물이나 동물의 모체다. 흙으로 식물이나 동물이나 사람의 몸을 이룬다. 또 흙이 흙으로 된 생명체의 몸에 먹을 것을 공급한다. 결국 식물이나 동물, 사람은 죽어 흙으로 돌아간다.

지구에만 생명체가 살 수 있는 이유가 왜 그 뿐이겠는가? 그 모두가 살아 계신 우리 하나님의 지혜요 사랑이요 능력으로 지어졌기 때문이다.
지금도 우주 만물이 착오 없이 운행이 되는 것은 우주 만물을 창조하신 하나님이 살아 계시기 때문이다. 지구에만 생명체가 살고 있는 이유다.

"...천하의 물이 한 곳으로 모이고 뭍이 드러나라..."

▼

"하나님이 이르시되 천하의 물이 한 곳으로 모이고 뭍이 드러나라 하시니 그대로 되니라. 하나님이 뭍을 땅이라 부르시고 모인 물을 바다라 부르시니 하나님이 보시기에 좋았더라."(창 1 : 9-10)

a) "천하의 물"이란 ?

"천하(天下)의 물"이라고 한 물은 하나님이 창조하신 하늘아래, 지구상에 있는 모든 물을 뜻할 것입니다. 즉 하나님이 창조하신 모든 물 중에서 궁창 위의 물을 제외한 궁창 아래의 지상에 있는 모든 물을 가리킬 것입니다. 그 모든 물은 근본적으로는 하나님께서 생명체를 사랑하셔서 생명체의 생존을 위해 창조하신 물인 것만은 틀림이 없을 것입니다. 그런데 '그 모든 물이 과연 생명체를 살리는 용도로만 사용되고 있을까?' 의문이 될 수도 있을 것입니다. 왜냐하면 노아홍수는 "내가 홍수를 땅에 일으켜 무릇 생명의 기운이 있는 모든 육체를 천하에서 멸절하리니 땅에 있는 것들이 다 죽으리라."고 말씀하신 뜻으로 보아 생명을 살리는 용도로만 사용하신 것이 아니라는 것을 알 수 있습니다.

그렇다면 '생수(生水)란 또 무엇인가?' 생수(生水)도 물임에는 틀림이 없습니다. 성경은 하나님과 예수 그리스도를 생수의 근원으로 묘사하고 있습니다.

예레미야 17 : 13에 "이는 생수의 근원이신 여호와를 버림이니이다."

요한복음 4 : 10에서는 "...네게 물을 좀 달라 하는 이가 누구인줄 알았더라면 네가 그에게 구하였을 것이요 그(예수)가 생수(生水)를 네게 주었으리라."

노아홍수의 물도 물이요, 생수도 물입니다. 노아홍수는 생명체를 죽이는 역할을 했고, 생수는 살리는 역할을 하는 물이라는 뜻입니다. '왜 그럴까?' 노아홍수의 물은 천하에 있는 많은 물인데 소금물이었고 생수는 적은 물이며 민물(담수)이라는 사실입니다. 물은 상징적인 뜻이 둘이 있다고 할 수 있습니다. 죽이는 역할과 살리는 역할입니다. 하나님께서는 죽이는 역할을 하는 물에서부터 살리는 물을 만들어 생명체에 공급하신다는 사실입니다.

여기서 묵상되어지는 것은 하나님께서는 분명 생명체를 사랑하셔서 물을 창조하셨습니다. 그 물로 사람의 죄가 관영할 때에는 생명을 멸망시키는데 천하의 물을 사용하셨으며, 생명을 살리기 위해서는 생수(민물)로 만들어 직접 공급하신다는 사실입니다. 우리가 살기 위해서는 생수의 근원이신 하나님이 공급하시는 물을 먹을 수 있어야 됩니다.(출 17 : 6)

b) 천하의 물이 한 곳으로 모였다면...?

"하나님이 이르시되 천하의 물이 한 곳으로 모이고..." 과연 천하의 그 많은 물이 한 곳으로 모여질 수가 있었을까? 당시 그것은 불가능한 일이었습니다. 마치 대야를 엎어놓고 물을 붓는 것과 같았습니다. 물이 한 곳으로 모여지기 위해서는 대야를 바로 놓아야 합니다. 왜냐하면 물은 얕은 데로 흐르기 때문입니다.

창조 둘째 날까지는 물이 모여질 수 있는 곳이 없었습니다. 그래서 하나님의 영이 수면에 운행하셨다고 볼 수 있습니다. 셋째 날에야 하나님이 물이 모여질 수 있는 작업을 하신 것입니다. "...물이 한 곳으로 모이고 뭍이 드러나라..."는 그 명령이 곧 물이 모여질 수 있는 창조사역이었던 것입니다.

다시 말하면 하나님의 명령으로 물이 모여질 수 있는 깊은 웅덩이가 생겨서 천하의 물이 한 곳으로 모여지도록 하셨습니다. 하나님은 그 물을 바다라고 부르셨습니다. 바다가 무슨 물이겠습니까? 소금물입니다. 하나님이 셋째 날 바다라고 부르신 그 바다가 지금의 바다라면 그 물이 소금물임에 틀림이 없을 것입니다. 천하의 모든 물이 소금물이었다... 하나님이 창조하신 모든 물이 소금물이었다... 그 뜻입니다. 현재 지구상에 있는 모든 바닷물이 소금물이라는 것을 보면 그 때의 바다도 소금물이라는 것을 알 수 있습니다.

c) 뭍이 드러나라는 명령이 무엇을 의미하는가?

하나님의 명령은 단순한 행위에 대한 명령이 아닐 수 있습니다. 하나님의 명령 속에는 하나님의 지적인 설계가 포함되어있고 하나님의 능력의 역사가 포함되어 있기 때문입니다. 하나님의 명령은 창조역사의 능력이 있는 명령입니다. 다시 말하면 "물이 한 곳으로 모이고 뭍이 드러나라"는 명령 속에는 혼돈하고 공허했던 땅 정지작업이 미쳐 안 된 땅에 하나님의 명령으로 인해서 정지 작업이 되라는 명령이 포함되어 있다는 뜻입니다. 그 명령에 천하의 물을 담을 수 있는 바다와 산이 솟아오르게 되는 하나님의 설계가 포함 되어 있다는 뜻입니다.

그 때 지구에는 일차 지각변동이 있었던 것입니다. 산이 생기고 바닷물이 담길 깊은 웅덩이(바닷물이 모여질...)가 생긴 것입니다. 지금과 같은 높은 산은 아니지만 산과 바다가 생겼던 것입니다. 그 결과 하나님께서 뭍을 땅이라 부르시고 모여진 물을 바다라고 부르셨던 것입니다. 드디어 바다와 육지(땅)의 구별이 생긴 것입니다.

d) 땅이 갖는 의미

왜 사람은 고향이나 고국을 그리워할까? 어디나 똑같은 흙으로 된 땅인데... 그것은 아마도 내가 흙으로 지음 받은 내 몸이 한 생명체가 되어서 생명으로 태어나 제일 처음에 정착하도록 허락받은 땅이기 때문일 것입니다. 그렇다면 사람의 마음에 그리움을 갖게 하는 땅... 그 땅이 갖는 의미가 혹 있을까? 성경에 의하면 땅은 하나님께서 사랑하는 인간에게 주시는 약속의 의미가 있습니다. 육신적으로는 하나님께서 사랑하는 사람을 다른 별에 보내신 것이 아니라 지구에... 그것도 바다와 육지를 구분해 놓으시고 바다가 아닌 육지(땅)에... 우리를 보내신 것은 땅을 거주지로 허락하신 것이라 할 수 있습니다. 그것은 온 인류에게 다 같은 은혜로 주신 것입니다. 이는 분명 사람을 사랑하시는 하나님의 약속인 것입니다.

하나님이 특별히 사랑하시는 백성에게는 약속의 땅이 따로 있었습니다. 하나님이 지시하는 땅... 그 땅은 젖과 꿀이 흐르는 가나안 땅이었습니다.(창 12 : 1) 이스라엘 백성들은 그 땅이 하나님의 약속을 받고 들어가야 될 목적지였습니다. 현재 믿는 우리에게 가나안은 상징적인 약속의 땅입니다. 내가 처해 있는 현재의 위치에서 하나님이 지시하시는 약속의 땅으로 들어가야 됩니다. 그곳은 하나님의 자녀가 믿음으로 가야하는 곳입니다.

우리는 지금 하나님이 약속하신 더 좋은 그 약속의 땅 천국을 바라보며 소망 중에 살고 있습니다. 왜냐하면 이 땅에서는 잠시 지나가는 나그네의 삶이기 때문입니다.

히브리서 11장에는 그런 말씀이 있습니다. "... 또 땅에서는 외국인과 나그네임을 증언하였으니... 그들이 이제는 더 나은 본향을 사모하니 곧 하늘에 있는 것이라."

이처럼 우리는 땅을 떠나서는 살 수가 없습니다. 땅에서 살다가 최

후에 약속된 땅에 가야 되기 때문입니다. 우리는 죽어 소멸하는 존재가 아니라, 영원을 사모하며 사는 영원한 존재로 지음 받았기 때문입니다. 우리는 땅(흙)으로 지음 받아 땅위에 태어나 땅에서 살다가... 결국엔 몸은 땅으로(창 3 : 19)... 영은 하나님이 지시하시는 영원한 땅(본향)으로(히 11 : 16)... 돌아가야 될 존재입니다.

우리는 지금 지식을 얻으려는 것이 아닙니다

우리는 지금 하나님이 천지를 창조하셨다고 하는
'지식'을 배우려는 것이 아닙니다.
우리는 하나님이 천지를 창조하신 목적이
생명체와 사람을 사랑하셨기 때문에
우주 만물을 창조하셨다는 사실을 체험하고 있는 것입니다.

하나님은 사람을 사랑하시기 때문에
사람이 살기에 최대한으로 편리하고 평안하도록
하나님이 지적으로 설계하셨다는 사실을 발견하려는 것입니다.
지식을 얻으려면 책을 읽으면 될 것입니다.
그러나 우리는 우리를 사랑하고 계시는 살아계신 하나님을
그의 창조 업적을 통해 만나고 있는 것입니다.
왜냐하면
나를 사랑하신 하나님께 감사와 영광을 드리기 위해서입니다.

"땅은... 채소와 각기 종류대로 열매 맺는 나무를 내라"

▼

"하나님이 이르시되 땅은 풀과 씨 맺는 채소와 각기 종류대로 씨 가진 열매 맺는 나무를 내라 하시니 그대로 되어 땅이 풀과 각기 종류대로 씨 맺는 채소와 각기 종류대로 씨 가진 열매 맺는 나무를 내니 하나님이 보시기에 좋았더라."(창 1 : 11-12)

a) 풀과 채소

풀과 채소는 우리의 상식으로 볼 때, 나무(tree나 wood)와는 구별이 되는 식물로 일반적으로 작은 식물(grass나 weed)들이라고 말할 수 있습니다. 그들은 일년생도 있고 혹 다년생도 있을 수 있습니다.

풀과 채소는 서로 어떻게 다르냐? 우선 창세기 1 : 12에 보면 "땅이 풀과 각기 종류대로 씨 맺는 채소와 각기 종류대로.." 라고 기록하고 있습니다. 이 말씀에 의하면 땅이 풀과 채소를 내되 풀은 하나님의 명령에 의해 땅이 내는 식물이되 씨로 재배할 필요가 없이 자연히 땅에서 나는 풀이라는 뜻입니다. 그러나 채소도 물론 하나님의 명령에 의해 땅이 내는 식물이기는 하나 각기 종류가 다른 씨를 맺어서 씨로 인해 번식하고 반드시 재배해야 되는 식물이라는 말씀입니다.

다시 말하면 풀은 무질서하게 여기저기 땅에서 스스로 나도 잘 자랄 수 있지만 채소는 무질서하게 나도록 하지 말고 반드시 씨를 심어서 질서 있게 주위에 있는 잡초를 제거해 줘야 되고 관심과 사랑을 가지고 재배할 것을 뜻한다고 할 수 있습니다. 그래서 씨 가진 채소라 말씀한 것 같습니다.

중요한 사실은 하나님께서 풀은 야생 동물의 먹거리로 주셨고 채소는 사람이 먹고 살도록 사람의 먹거리로 주셨다는 사실입니다. 하나님이 풀과 채소를 만드신 목적이 서로 다르다는 말씀을 하시고 있는 것입니다.

> 창세기 1 : 29-30을 보십시오. "하나님이 이르시되 내가 온 지면의 씨 맺는 모든 채소와 씨 가진 열매 맺는 모든 나무를 너희에게 주노니 너희의 먹을거리가 되리라. 또 땅의 모든 짐승과 하늘의 모든 새와 생명이 있어 땅에 기는 모든 것에게는 내가 모든 푸른 풀을 먹을거리로 주노라 하시니 그대로 되니라."

역시 하나님의 지혜요 계획이라고 할 수 있습니다. 사람을 사랑하시는 하나님의 은혜입니다. 풀은 사람이 먹을 수가 없습니다. 우선 풀은 그 맛이 우리의 입에 맞지 않습니다. 그래서 먹을 수가 없고, 채소는 먹을 수가 있도록 맛이 있습니다. 그뿐 아니라 채소는 맛이 있고 독이 없으며 풀은 독이 있을 수 있습니다.(이것은 상식적인 이야기입니다.)

b) 각기 종류대로

성경에 채소와 과목에 대해서는 "각기 종류대로.."라고 말씀을 하셨습니다.
"각기 종류대로.."가 무슨 뜻입니까? 하나님께서 창조하신 식물이나 동물의 종류는 그 종류가 바뀔 수 없다는 뜻일 것입니다. 반드시 입력된 유전자의 설계에 의해 종류가 유전이 돼야 한다는 뜻입니다. 그래서 하나님께서 채소와 과목은 씨를 맺도록 하셨다는 말씀입니다. 그 씨에 각기 종류가 다른 유전자를 입력하셨기 때문입니다. 각기 다른 유전자가 입력이 되어 있다는 뜻이 바로 종류를 바꿀 수 없다는 뜻이라 그런 이야기입니다. 감나무에는 천년 후의 감나무에서도 감이 열고 대추나무에는 언제나 대추가 열린다는 뜻입니다. 그것은 하나님의 설계요 뜻입니다. 다른 종류로 바뀔 수가 없습니다.

근대에 무슨 현상이 일어나고 있습니까? 유전자 변형(조작)을 하고 있습니다. 하나님이 종류대로 창조하신 것을 사람이 임의로 없던 종류를 만들어 낸다는 뜻일 수 있습니다. 창조는 하나님의 뜻이요 설계인데 사람이 하나님이 하신 설계를 바꾸는 결과가 되고 있는 것입니다. 문제는 유전자를 변형하는 것이 하나님의 설계가 아니라면 그것이 사람에게 해가 될지 모른다는 사실입니다.

c) 씨 가진 열매 맺는 과목

우리가 먹고 사는 음식 중에 채소와 과일이 있다는 사실은 참으로 행복한 현실입니다. 하나님이 사람을 사랑하시지 않았다면 아마도 사람도 짐승처럼 풀도 먹고 채소도 먹고 살았을 것이 분명합니다. 그런데 특별히 사람에게 맛있는 과일까지 골고루 주셨다는 사실은 하나님의 놀라운 지혜요, 사람에 대한 하나님의 사랑의 배려라고 할 수가 있습니다. 그것도 종류대로 골고루 주셨습니다. 과일을 먹을 때마다 하나님께서 이렇게 맛이 있는 과일을 우리에게 먹을거리로 주셨구나 하면서 감사를 드립니다.

d) 땅은 .... '내라'

하나님께서 첫째 날 창조 사역에 쓰실 모든 재료를 창조하시고 둘째 날 그 재료를 가지고 생명체가 살 수 있는 아주 좋은 환경을 만드시고 그 다음 셋째 날 식물과 동물이 뿌리를 내리고 살 땅과 바다를 나누셨습니다. 드디어 육지(땅)가 생긴 것입니다. 명령대로 땅이 드러났으니 하나님께서는 더 주저하실 필요가 없으셨던 겁니다.

하나님께서 같은 셋째 날 그 육지(땅)를 향해서 명령을 하신 것입니다. "각종 식물을 내라." 전에도 말씀했지만 하나님의 명령에는 창조의 능력과 설계가 포함이 되어 있습니다. 그 하나님의 명령에 의해 각종 식물에 각기 종류대로 유전자가 입력이 되어서 이 지구상에는 수많은 식물이 종류대로 유전이 되고 있는 것입니다. 그것이 하나님의 명령으로 이루어졌다는 이야기입니다.

그렇게 지으신 대 자연이 얼마나 아름답습니까? 전도서 3장에서 그렇게 표현하고 있습니다. "하나님이 모든 것을 지으시되 때를 따라 아름답게 하셨고..." 라고... 하나님의 창조 사역의 셋째 날에 하나님께서는 얼마나 좋으셨는지 "보시기에 좋았더라."는 말씀을 두 번씩이나 하셨습니다. 과연 자연에 나가 보면 참으로 아름다운 작품들이 많이 있는 것을 볼 수 있습니다.

우리의 짧은 인생(70-80)동안 하나님이 지으신 그 아름다운 풍경을 마음껏 보지 못하는 사람들이 얼마나 많습니까? 하나님이 "보시기에 좋았더라."고 하신 그 아름다운 자연을 더 늦기 전에 마음껏 보시고 하나님께 영광을 드리시기를 바랍니다.

e) 진화는 지금도 계속되고 있는가?

만약 진화가 맞는 답이라면 지금도 계속 진화가 되고 있어야 합니다. 왜냐하면 진화는 최종 목표가 있을 수 없기 때문입니다. 진화라는 말의 뜻은 최종 종착역이 없습니다. 그런데 지금 단세포 동물이나 원숭이가 사람까지 진화하고 멈추고 있습니다. 만약 진화가 확실하다면 사람이 그 다음 진화가 계속돼서 공중에 나는 사람도 있어야하고 물속에서 물고기처럼 호흡을 하는 사람도 있어야하고 혹 뿔이 달린 사람으로도 진화를 할 수도 있어야 합니다. 그런데 멈추고 있어요. 그러니까 진화는 학설일 뿐, 하나님의 설계가 아니라는 뜻입니다.

종류대로...

종류대로 씨가진 열매 맺는 나무를 내라
하나님의 명령이다
하나님께서는 왜 과목은 씨로 열매를 맺게 하셨을까?
종류대로 품종을 지키기 위해서다

현대인들은 씨 없는 포도 씨 없는 수박을 즐긴다
종류대로 창조하신 하나님의 뜻은 아닌데
칭찬 받을 일일까?
인체에는 해가 없을까?

"광명체" 그리고
"징조와 계절과 날과 해(일자와 연한)"

▼

"하나님이 이르시되 하늘의 궁창에 광명체들이 있어 낮과 밤을 나뉘게 하시고 그것들로 징조와 계절과 날과 해를 이루게 하라. 또 광명체들이 하늘의 궁창에 있어 땅을 비추라 하시니 그대로 되니라."(창 1 : 14-15)

a) 넷째 날의 광명체(lights)와
첫째 날의 빛(light)은 어떻게 다른가?

첫째 날 만드신 빛(light)은 근원적인 빛으로 생명력을 공급하는 에너지원이라 할 수 있습니다. 그리고 넷째 날 만드신 광명체(lights)는 우리가 경험하는 가시적인 빛을 지구에 비취는 역할을 하는 빛(해와 달)이라 할 수 있습니다.(15) 다시 말하면 해와 달은 근원적인 빛(에너지원)이 아니라, 빛을 지구에 비치는 역할을 하는 존재라는 이야기입니다.

b) 궁창에 광명체들을 두신 이유가 무엇일까?

광명체들을 하늘 궁창에 두신 이유는, 본문이 말씀한대로 낮과 밤을 나뉘게 하고 징조를 보여 주며 계절과 날자와 해(연한)가 이루어지도록 하는 역할을 하기 위함입니다. 그리고 지구에 빛을 비추는 역할을 하도록 하기 위해서입니다. 이렇게 광명체들을 궁창에 두신 이유를 성경에서는 단 두절에 간단히 기록하고 있는데 사실은 그렇게 간단하고 단순한 것이 아니라고 생각이 됩니다.

관심을 가지고 자세히 보고 생각해 보십시오.
사도행전 26 : 13에 보면 해보다 더 밝은 빛이 비추기 때문에 바울이 어떻게 되었다고 했습니까? 눈을 사용할 수가 없게 되었었습니다. 눈에 비늘 같은 것이 끼여서 마치 시각장애인 같이 되었던 것입니다. 그러니까 빛의 정도문제라는 이야기입니다. 하나님의 창조물은 모두 균형을 이루고 있습니다. 해의 크기 달의 크기 지구의 크기 또 지구에서부터 해나 달까지의 거리 등... 모두 창조 세계의 균형을 이루기 위해 하나님이 그렇게 정해 놓으신 것입니다.

그런 뜻으로 생각해 보면 해의 밝기와 온도의 정도가 지나치면 생명체의 눈 뿐만이 아니라 생명체의 장기들이 제 기능을 할 수가 없습니다. 또 그 정도가 모자라면 생명체들이 성장할 수가 없을 것입니다. 쉽게 말해서 지나치면 타 죽고 모자라면 얼어 죽을 것이라 그런 말입니다. 정도문제 즉 균형입니다. 이렇게 우리 하나님은 생명체를 위해 정도와 균형을 맞추어 지혜롭고도 놀라운 설계를 하셨다는 이야기입니다.

c) 징조(徵兆 ; sign)가 무엇일까?

징조란 장차 되어질 일의 조짐을 미리 보여주는 것입니다. 그 징조를 하나님께서는 하늘의 해와 달과 별들을 통해서도 보여 주시고, 세상의 변화(인간의 변화 자연의 변화 사회의 변화 등)를 통해서도 보여주신다는 뜻입니다.

누가복음 21 : 25에 "일월성신(日月星辰)에는 징조가 있겠고..."라고 했습니다. 해와 달과 별들을 통해서 앞으로 되어질 일의 징조가 보이게 될 것이라는 말입니다.

마태복음 24 : 3에는 "....주의 임하심과 세상 끝에는 무슨 징조가 있사오리이까."라고 제자들이 예수님께 질문한 일이 있었습니다. 세상 끝날 이전에 어떤 징조(조짐)가 먼저 보이겠느냐는 질문이었습니다.

예수님의 대답이 무엇이었습니까? 사람의 미혹 민족과 민족의 전쟁 나라와 나라의 전쟁 기근과 지진 그리고 재난 등... 그런 변화가 오면 그것이 세상 끝날의 징조라는 것입니다. 다시 말하면 사람이 사람을 못 믿고 민족이 민족을... 나라가 나라를 못 믿어서 서로 싸우고, 윤리와 도덕이 땅에 떨어지고 사회도 지구도 균형이 깨지고... 망가지는 등 변화가 보이면 그것이 말세 전에 보여지는 징조라는 이야기입니다. 여러분 눈에 그런 징조들이 보입니까? 보인다면 지금이 마지막때입니다.

d) 징조와 계절과 날과 해를 이루게 하신 것이
   우리와 무슨 관계가 있을까?

창조 넷째 날에 하늘 궁창에 해와 달과 별들을 두시면서 "징조와 계절과 날(일자)과 해(연한)를 이루라"고 하셨습니다. 이 말씀의 뜻은 무엇이며 이 말씀이 오늘날 무엇을 이루었습니까? 달력(calendar)이 되었습니다. 다시 말하면 하나님께서 달력을 만드는 역법의 근원적인 재료를 주셨다는 말씀입니다.

초기 달력의 역사를 보면 고대 이집트에서는 나일강이 범람할 때면 동쪽 하늘의 일정한 위치에 시리우스(큰개자리별)가 나타난다는 사실(징조)을 알아냈다고 합니다. 그래서 태양력을 만들 수 있었다고 합니다. 1 년을 365일로 하고 이것을 30일로 이루어진 12 달로 하되 연 말에 5일을 더하는 식으로 달력을 만들었다고 합니다.

다시 말하면 하나님께서 하늘에 해와 달과 별들을 두서서 징조를 보여 주셨기 때문에 계절과 날과 해를 이루게 하는 달력을 만들었다는 뜻입니다. 달력을 만들기 위해 과학자들이 실험실에서 연구해서 만들어낸 것이 아닙니다. 하나님이 하늘에 징조를 볼 수 있게 해 주서서 그것으로 달력을 만드는 역법이 되었다 그런 이야기입니다.

거기에 7 일 주간이 생긴 것도 연구해서 생긴 것이 아닙니다. 하나님께서 6 일 동안 창조 사역을 하시고 7 일째 되는 날 쉬신 것이 바로 7 일 주간이 된 것이라는 이야기입니다.

해와 해를 중심으로 돌고 있는 행성들과의 관계

하나님께서 왜 해를 중심으로
태양계 행성들이 공전하도록 하셨을까?

우선 반대로 생각해 보자.
만약 지구가 해를 중심으로 공전을 하지 않는다면
태양력(달력)이 생기지 않았을 것이다.
그렇게 되면 이 지구에는
1년의 시간이 무엇인지 구별할 수 없었을 것이다.
그뿐 아니라 지구에는 아마도 생명체가 살 수 없었을 것이다.

우리 하나님은 해를 중심으로 지구가 공전하도록 하시고
달은 지구 주위를 공전하게하시며
지구는 지구대로 자전을 하도록 하셔서
일자와 연한을 이루도록 하셨다.

또 해를 중심으로 태양계가 모두 균형을 이루고 있다.
만약 해가 지금보다 더 크면
모든 행성이 만유인력에 의해 해쪽으로 끌려 갈 것이고
만약 해가 지금보다 더 적으면 행성들의 공전이 안 될 것이다.

만약 해로부터 지구까지의 거리가 지금보다 더 가까우면
지구상에 있는 모든 생명들은 타서 죽을 것이고
지금보다 더 멀면 모두 얼어서 살지 못할 것이다.

지구에서 달까지의 거리가 지금보다 더 가깝거나
달의 크기가 지금보다 더 크면
지구의 바닷물이 육지를 삼킬 것이고 배도 항해를 못할 것이다.

지구에서 달까지의 거리가 지금보다 더 멀거나
달의 크기가 지금보다 더 적으면
바다가 오염되고 바다 고기가 대부분 죽고 살지 못할 것이다.

"물들은 생물을 번성하게... 궁창에는 새가 날으라. 그들에게 복(福)을..."

▼

"하나님이 이르시되 물들은 생물을 번성하게 하라. 땅 위 하늘의 궁창에는 새가 날으라 하시고 하나님이 큰 바다 짐승들과 물에서 번성하여 움직이는 모든 생물을 그 종류대로 날개 있는 모든 새를 그 종류대로 창조하시니 하나님이 보시기에 좋았더라. 하나님이 그들에게 복을 주시며 이르시되 생육하고 번성하여 여러 바닷물에 충만하라. 새들도 땅에 번성하라 하시니라. 저녁이 되고 아침이 되니 이는 다섯째 날이니라."(창 1 : 20-23)

a) "물들은 생물을 번성하게 하라."(20절 상)

20절 말씀의 뜻은 물에서 생명체들이 번성하며 살도록 하라는 뜻으로 하나님이 명령하신 말씀이라 할 수 있습니다. 물에서 살면서 번성할 수 있는 생명체들을 21 절에서는 두 종류로 분류해서 다시 말씀을 하고 있습니다. 즉 "큰 바다 짐승들"과 그 외에 "물에서 번성하여 움직이는 모든 생물" 입니다.

"물에서 번성하여 움직이는 모든 생물(생명체들)" 에 대해서는 별로 의문점이 없을 것입니다. 그런데 "큰 바다 짐승들" 이라고 한 말씀에 대해서는 좀 생각해 보아야 될 것 같습니다. 왜냐하면 물에서 살면 '물고기' 라고 해야 마땅한데 '짐승' 이라고 하니까 물에서 어떻게 짐승이 살 수 있으며 물에서 사는 짐승이 도대체 무엇일까 의문이 생깁니다. 더구나 개역한글판 성경에서는 "큰물고기"라고 번역을 했기 때문입니다. 아마도 그들은 큰물고기같이 생긴 큰짐승이거나 큰짐승같이 생긴 큰 물고기거나 그런 것들일 것입니다.

여하튼 물고기든 짐승이든 바다에서 사는 큰 생명체들이라고 한다면 고래를 예로 들어 볼 수 있습니다. 고래는 분명 물고기처럼 생기고 물에서 살고 있습니다. 그런데 고래는 물고기가 아닙니다. 고래는 짐승이라고 해야 맞습니다. 왜냐하면 고래는 포유동물이기 때문입니다. 고래는 새끼를 낳아 젖으로 기르는 동물입니다. 이처럼 물에서 사는 포유류에는 돌고래, 물범, 물개, 바다사자, 바다코끼리, 바다수달 등이 있는데 대부분 큰 짐승이라 할 수 있습니다. 바다에서 살지만 물고기가 아니라 짐승입니다. 이렇게 하나님께서는 물에서 살 수 있는 수중 생명체들을 창조 하셨습니다.

b) "땅 위 하늘의 궁창에는 새가 날으라."(20절 하)

"땅 위 하늘의 궁창"이 어떤 것일까? 궁창에는 대기권 궁창이 있고, 우주적 궁창이 있습니다. 여기서 말하는 "땅 위 하늘의 궁창"이라는 것은 우주적 하늘이 아니고 분명 대기권 하늘이라 할 수 있을 것입니다. 왜냐하면 생명체라면 호흡을 해야 되는데 우주적 하늘에서는 공기가 없어 호흡이 불가능하기 때문입니다. 그뿐 아니라 공기가 없으면 새가 날을 수도 없습니다. 하나님께서는 대기권에 공기를 채워 주심으로 새가 날 수도 있고 또 호흡할 수도 있게 하셔서 새들로 하여금 날으라고 명령을 하셨습니다. 아마도 그 새들이 나는 것을 보고 오늘날 비행기를 만들었을 것입니다.

C) "그 종류대로 창조하시니..."(21절 중)

셋째 날 하나님께서는 씨 맺는 채소와 과목을 종류대로 창조하셨던 사실을 보았습니다. 그 "종류대로"라는 말씀이 다시 등장을 했습니다. 식물의 종류나 동물의 종류나 같은 개념입니다. 움직이는 생명체도 하나님께서 "종류대로 창조하셨다."는 말씀입니다. 다시 말하면 원숭이는 천 년 만 년이 지나가도 원숭이는 원숭이를 낳는 것이지 원숭이가 사람이 되거나 사람을 낳을 수가 없다는 뜻입니다.

d) "하나님이 그들에게 복(福)을 주시며..."(22절 상)

성경에서 "복(福)"이라는 단어가 처음으로 등장하고 있습니다. 그러면 "복"이란 것이 무엇일까? 우선 복이라는 것은 형체가 없습니다. 왜냐하면 물체가 아니기 때문입니다. 복을 주어도 받은 것을 확인 할 수가 없습니다. 그런데도 복을 받으라고 합니다.

창세기 1:22에 "하나님이 그들에게 복을 주시며 이르시되..."라고 했습니다. 복이 무엇인지 알기 위해서는 하나님이 무엇을 주시면서 복을 받으라고 하셨는지를 알면 복이 무엇인지 짐작이 될 것입니다. 하나님이 무엇을 주셨습니까? "생육하고 번성하여 여러 바닷물에 충만하라 새들도 땅에 번성하라."고 하셨습니다. 다시 말하면 복은 자손을 많이 낳고 자손이 번성하고 땅과 바다에 충만해 지는 것이라 할 수 있습니다. 한마디로 말하면 자손의 번식이 복이라는 말입니다. 그러면 자손의 번식만 복이냐? 아닙니다. 이제 성경을 더 찾아보겠습니다.

에베소서 1 : 3에 보면 "그리스도 안에서 하늘에 속한 모든 신령한 복을 우리에게 주시되" 그랬습니다. 하늘에 속한 신령한 복이 무엇이라 생각합니까? 그 다음에 보면 창세 전에 우리를 택한 것 자기의 아들이 되게 하신 것 그의 은혜를 찬송하게 하신 것 피로 말미암아 죄사함 받은 것 등등 성도들이 받은 것들이 모두 신령한 복이라는 것입니다. 형체는 없는데 하나님과의 관계가 회복되고 신분이 회복되는 등 그런 것들이 영적 복이라는 뜻입니다.

창세기 12 : 2을 보십시오. "내가 너로 큰 민족을 이루고 네게 복을 주어 네 이름을 창대하게 하리니 너는 복의 근원이 될지라." 무슨 뜻입니까? 이름이 창대하게 되는 것 즉 명예와 명성도 복이라는 말씀입니다.

이런 것들을 종합해 볼 때 복이라는 것은 형체는 없을지라도 하나님으로부터 수여되는 모든 것, 또는 하나님께 속한 것들을 우리가 받을 때 그것이 우리에게 복이라는 말씀입니다. 하나님의 말씀을 받는 것도 복이고, 하나님의 사랑을 받는 것도 복이며 하나님이 동행해 주시는 것도 역시 모두 복이다, 그런 이야기입니다. 그러니까 진정한 복은 오직 하나님께로부터 받아지는 것이지 사람이 복을 줄 수 있는 것이 아니라는 뜻입니다.

다시 창세기 12 : 3을 보십시오.

"너를 축복하는 자에게는 내가 복을 내리고 너를 저주하는 자에게는 내가 저주하리니 땅의 모든 족속이 너로 말미암아 복을 얻을 것이라."

이 말씀을 자세히 보십시오. 축복은 누가 합니까? "너를 축복하는 자..." 즉 사람입니다. 사람이 축복을 할 수 있습니다. 그러나 복을 내리는 분은 오직 하나님(내가 복을 내리고...)이십니다. 그러니까 축복(祝福 : 복을 비는 것)은 사람이 할 수 있으되 복을 내리는 것은 하나님만이 복을 내리고 주신다는 말씀입니다. 하나님은 축복하는 분이 아니라 복을 내리는 분이라는 것을 알아야 합니다. 우리를 위해 하나님께서 복을 빌어주시는 것이 아니라 복을 직접 주신다 그런 이야기입니다.

e) "생육하고 번성하여... 충만하라."(22절)

생육하고 번성하는 것... 이는 분명 하나님께서 생명체에 주신 복입니다. 그런데 하고 싶은 질문은 왜 생육하고 번성하도록 하셨을까라는 것입니다. 하나님이라면 다른 방법도 있으실 터인데 제일 간단한 대답은 종류대로 유전하도록 하기 위해서입니다. 종류대로 생육하고 번성하기 위해서는 종류가 같은 것들 간에 유성생식으로 번식해야 하기 때문입니다. 만약 그런 질서가 서 있지 않으면 이 세상은 그야말로 무법천지가 될 것입니다. 종류대로 생육하고 번성했기에 오늘까지 종류가 유전이 된 것입니다.

그런데 오늘 어떤 현상이 일어나고 있습니까? 전에도 말했지만 유전자 변형을 하고 동물복제를 하고 있습니다. 복제가 무엇입니까? 생육하고 번성하는 방법이 아니라 원본 동물을 복사(Copy)하는 것이라 할 수 있습니다. 물론 반문할 수도 있습니다. 원본을 복사했다면 생육한 것이나 복사한 것이나 별반 차이가 없지 않느냐라고 할 것입니다.

그러나 큰 차이가 있습니다. 복사는 창조질서를 어기고, 생명윤리에 어긋나고 하나님의 권위에 도전하고 그리고 복제된 생명은 하나님께서 주신 생명이 아니라는 것 등입니다.
생육하는 것은 하나님이 설계하신 대로 유전시키는 유전형이고 복사하는 것은 하나님이 설계하신 것을 무시하고 인위적으로 복사해내는 맞춤형이라 할 수 있습니다.

땅은 생물(生物)을 그 종류대로 내되...

"하나님이 이르시되 땅은 생물(生物)을 그 종류(種類)대로 내되 가축과 기는 것과 땅의 짐승을 종류대로 내라 하시니 그대로 되니라. 하나님이 땅의 짐승을 그 종류대로 가축을 그 종류대로 땅에 기는 모든 것을 그 종류대로 만드시니 하나님이 보시기에 좋았더라." (창 1 : 24-25)

a) "땅은 생물을 종류대로 내라"(24상)

하나님께서는 사람을 제외한 모든 생물을 명령으로 창조하셨습니다. 오직 사람만 하나님께서 직접 하나님의 손으로 흙을 빚어 사람을 만드셨습니다. 그렇게 만드셨기에 사람은 하나님이 만드신 창조물중에 걸작품이라고 하는 것입니다.

하나님의 명령에는 사람의 머리로는 알 수도 이해할 수도 없는 능력과 지혜로운 창조의 설계가 있습니다. 물에서 사는 생명체들은 물에서 번성하도록 명령하셨고, 육지에서 사는 생명체들은 땅으로 하여금 내라고 명령을 하신 것입니다. 그것도 땅이 무질서하게 생물을 만들어 내도록 하신 것이 아니라 각각 그 종류대로 내도록 하셨습니다.

성경에 의하면 하나님께서는 땅에 사는 생물들을 대략 세 가지로 나누신 것 같습니다.

o 땅의 짐승(사자 호랑이 코끼리 노루 등)과

o 땅에서 기는 것들(각종 곤충과 벌레들)과

o 가축(육축--- 소 돼지 말 개 고양이 양 등)입니다.

이처럼 땅에 사는 생물들을 그 종류대로 창조하셨습니다.

b) "땅의 짐승(Wild animals)을 그 종류대로"(25상)

우리가 기억해야 할 것은 사람을 제외하고 이 지구에 사는 모든 생물들은 모두가 종류대로 창조하셨다는 사실입니다. 그 뜻은 하나님께서 생물들의 교배의 한계를 정하셨다고 할 수 있습니다. 하나님께서 종류대로 창조하신 그 종류는 그 한계를 벗어나 다른 종류가 될 수 없다는 뜻이기도 합니다. 성경에서 말씀하는 종류(kind)는 생물학에서 말하는 종(species)과는 다른 개념이라고 볼 수 있습니다. 생물분류학에서는 종 속 과 목 강 문 계로 되어 있습니다.

땅의 짐승 중에는 초식동물이 있는가 하면 육식동물도 있습니다.
하나님께서 그렇게 만드셨기에 초식동물은 풀만 먹어야 합니다. 초식동물에게 육식을 시키면 병이 생길 수 있습니다. 그 예가 바로 광우병입니다. 채식을 해야 될 소에게 육식을 시켰기 때문에 광우병이 생긴 것입니다.

c) "가축(육축 : Livestock)을 그 종류대로"(25중)

우리는 일반적으로 우리가 현재 집에서 기르는 개나 소 같은 짐승은 야생동물을 훈련시켜 가축으로 되었다고 알고 있습니다. 물론 그것이 틀렸다고는 할 수는 없습니다. 왜냐하면 지금도 야생에서 사는 야생 소가 있고 개와 똑같은 늑대나 가요리(coyote)가 야생에 있기 때문입니다.

흥미로운 사실은 성경에는 분명 짐승(wild animals)과 가축(live stock)을 별도로 취급하고 있다는 사실입니다. 하나님께서 창조 때부터 가축을 짐승과는 다르게 설계를 하셨다는 뜻일 수 있습니다. 그런데 문제는 현재 우리가 집에서 기르고 있는 어떤 가축이 하나님께서 본래 가축으로 창조하셨던 것인지를 구별하지 못한다는 사실입니다. 우리가 알아야 할 것은 하나님께서는 창조 때부터 짐승과 가축을 다르게 설계하셨고 다르게 창조하셨다는 사실입니다. 그래서인지 가축은 야생 동물에 비하면 순하고 주인의 말에 순종하는 것 같습니다.

d) "땅에 기는 모든 것을 그 종류대로"(25하)

하나님이 창조하신 생물들 중에는 혹 다섯째 날 창조하신 생물인지 여섯째 날 창조하신 생물인지 혼동이 될 때가 있습니다.

무엇이냐 하면 벌이나 나비 또는 파리나 모기 같은 것들이 다섯째 날 창조하신 새 종류에 속한 것이냐 아니냐 하는 것입니다. 하지만 이런 것들은 그 애벌레 시절에 기어 다녔던 생물이기 때문에 새가 아니라 땅에 기는 것들에 속한다고 하겠습니다.

또 우리가 의문이 되는 것은 하나님께서 사람을 사랑하시면서 왜 사람에게 해로운 모기 같은 생물을 창조하셨을까 하는 문제입니다.

그런 문제들은 하나님의 생각은 우리의 생각보다 훨씬 넓고 크기 때문에 사람의 머리로는 그 뜻에 미치지 못한다는 사실을 알아야 될 것 같습니다. 하나님께서는 그런 것들도 분명 필요하셨기에 창조하셨을 것이라고 생각이 됩니다.

또 다른 문제는 박테리아나 바이러스도 하나님이 창조하신 생물이냐 하는 것입니다. 그것은 내가 과학자가 아니라 확실한 답을 드릴 수는 없으나 박테리아나 바이러스는 일종의 미생물이라 할 수 있습니다.

우연일까?

사람이 살다가 어느 날 우연히 생각해보니
내가 어떻게 해서 사람으로 태어나
이 세상에 살고 있구나 하는 것을 느낄 것이다.
물론 부모가 낳아 주셨지만....

우연히 태어났다고 생각하면
보이는 모든 것이 우연히 생겼다고 생각 될 것이다.
그래서 모든 것이 그러려니.... 하면서
별 관심도 없이 살아가고 있을 것이다.

모든 것이 과연 우연히 생긴 것일까?
우주 만물이 다 우연히 되어 진 것일까?
그저 그러려니 하면서 지내면 그만일까?
그러나 우주 만물은 우연히 된 것이 하나도 없다.

모든 것이 계획과 설계에 의해서 생긴 것이다.
사람을 업고 달리는 말도, 사람을 위해서 들에 나가 일하는 소도,
새벽을 알리려고 울어대는 닭도, 주인의 집을 지켜 주는 개도,
모두 하나님의 뜻으로 지어진 것들이다.

훈련시키고 길들여 육축을 만들라고 하시지 않고
하나님께서 그렇게 육축으로 계획하고 창조하셨던 것이다.

그것이 어찌 우연인가?
이는 분명 하나님의 계획이고, 설계였던 것이다.

"우리의 모양대로
우리가 사람을 만들고..."

▼

"하나님이 이르시되 우리의 형상을 따라 우리의 모양대로 우리가 사람을 만들고
그들로 바다의 물고기와 하늘의 새와 가축과 온 땅과 땅에 기는 모든 것을 다스
리게 하자 하시고 하나님이 자기 형상 곧 하나님의 형상대로 사람을 창조하시되
남자와 여자를 창조하시고"(창 1 : 26-27)

a) "우리의 형상... 우리의 모양...

　　우리가 사람을..."

창조 여섯째 날 하나님께서는 짐승과 가축과 땅에 기는 것들을 창
조하신 다음 계속해서

사람을 창조하시면서 "우리"라는 말씀을 3번 연속으로 강조 하셨
습니다.

"우리"는 누구며 왜 3번씩이나 강조를 하셨을까? "우리"는 물론
하나님 자신을 지칭하신 말씀입니다. "우리"라고 복수 형태로 말씀
하신 뜻은 분명 성부 하나님 성자 하나님 성령 하나님 이렇게 "삼위
하나님"을 지칭하신 말씀이라 할 수 있습니다.

사람을 창조하시는 사역이 창조의 최종 목표이고 하나님이 제일 사

랑하는 존재를 창조하시는 사역이기 때문에 삼위 하나님이 사람을 창조하셨다는 것을 세 번씩이나 강조하셨을 뿐아니라 하나님의 형상을 닮도록 만드셨기 때문에 그렇게 강조하셨던 것이라 생각이 됩니다.

성경에는 아버지 하나님이나 독생자, 또는 성령이란 말씀이 있습니다. 그러나 삼위나 삼위일체라는 말씀은 없습니다. 그래서 삼위일체를 혹 부정하는 경우가 있을 수 있습니다. 하지만 하나님께서는 우주 만물을 창조하실 때 이미 삼위 하나님이 모두 창조에 참가하신 사실을 언급하시고 있는 것입니다.

b) "우리의 형상, 우리의 모양" 은 유전자 때문

창세기 5 : 3에 "아담은 130 세에 자기의 모양 곧 자기의 형상과 같은 아들을 낳아 이름을 셋이라 하였고" 라고 기록하고 있습니다.

인류 역사이래로 부모가 자식을 낳으면 자식은 부모를 닮는다는 사실은 우리가 상식으로도 알고 과학으로도 증명이 되고 있습니다. 만약 자식이 부모를 닮지 않으면 오히려 이는 내 자식이 아니라고 할 정도입니다.

왜 그렇습니까? 그것은 두 말할 필요도 없이 유전자(DNA)때문입니다. 유전자(DNA)에는 부모를 닮아 태어나는 사람의 설계도가 있기 때문입니다.

우리는 창세기 1 : 26과 5 : 3에서 똑 같은 뜻의 말씀을 발견할 수 있습니다.

1 : 26에서 하나님께서는 하나님의 형상과 모양을 닮은 사람을 만드시겠다는 말씀을 하셨고 27절에서 하나님을 닮은 사람을 창조하셨다고 했습니다.

창세기 5 : 3에서는 아담은 자기 형상과 모양을 닮은 아들을 낳았다고 했습니다.

그 이야기는 하나님께서 사람이 하나님을 닮도록 하나님의 유전자(DNA)를 사람에게 주셨고, 아담도 자신의 유전자(DNA)를 아들에게 물려주었다는 뜻이 됩니다.

자식이 부모를 닮는다는 것은 상식으로도 과학으로도 알고 있는데, 하나님께서는 창조 때 그 사실이 진리가 되고 과학이 되도록 창조하셨다는 이야기입니다.

과학이 발달한 오늘날 혹 친부나 친자가 의심이 될 때 친부, 친자 확인을 DNA로 하는 이유가 바로 자식은 부모를 닮아 태어나기 때문입니다.

아들 셋에게 아버지를 닮는 유전자를 전해 준 아버지가 아담이라고 한다면 아담에게 하나님을 닮은 유전자를 전하신 하나님이 인류의 아버지가 되신다는 논리가 있을 수 있습니다. 하나님은 창조주시니까 아담을 창조하셨지만 아담을 하나님을 닮은 아들로 창조하셨다는 그런 논리가 될 수 있다는 이야기입니다.

분명한 사실은 하나님은 우리 인류의 아버지시요 창조주시며 살아 계신 인류의 조상이라는 사실임에는 틀림이 없습니다.

자식이 부모를 닮는 진리를 거슬러 올라가 보면 하나님이 바로 우리 조상의 아버지요 인류의 창조주라는 사실입니다.

　성경이 하나님을 아버지라고 강조하고 있고 우리를 하나님의 자녀라고 하는 것입니다.

　　c)　하나님은 우리 아버지요, 우리의 조상이시다.

　부모는 자식을 낳습니다. 부모 없이 태어나는 사람이 있을 수 없습니다. 하지만 살아 있어야 가능합니다. 살아있는 부모가 살아있는 자식을 낳을 수 있는 것이지 죽은 부모가 살아있는 자식을 낳는 것이 아니라는 뜻입니다. 그것은 과학으로도 인정이 되는 법입니다.

　같은 이치로 하나님은 살아 계시기 때문에 살아 있는 사람을 창조하시고 낳으신 것입니다. 그래서 하나님을 우리는 아버지라고 부를 수 있고 나아가서 살아계신 하나님 아버지라고 부를 수 있는 것입니다.

〈 성경의 예 : 아버지 〉

　"그러나 여호와여 이제 주는 우리 아버지시니이다. 우리는 진흙이요 주
　는 토기장이시니 우리는 다 주의 손으로 지으신 것이니이다."(사 64 : 8)

　이 구절은 하나님이 우리 아버지시라는 사실과 하나님이 우리를 창조하신 분이라는 말씀을 동시에 하시고 있습니다.

　"그러므로 너희는 이렇게 기도하라. 하늘에 계신 우리 아버지여 이름이

거룩히 여김을 받으시오며,"(마 6 : 9)

이 구절에서도 하나님은 우리 아버지시라는 말씀입니다. 그러나 하나님은 육신을 가지고 살도록 창조된 사람과는 차원이 다른 하늘에 계신 거룩하신 분이시고 전능하신 분이라는 사실을 말씀하고 있습니다. 바로 그러한 살아계신 능력자가 바로 우리 아버지십니다.

〈 성경의 예 : 조상 〉

세상 어느 가정이든지 족보가 있습니다. 그 족보에 속한 모든 사람은 그 족보의 제일 윗어른으로부터 이어져 내려온 가족이고 한 혈통입니다.

성경에 기록된 족보도 마찬가지입니다. 족보의 제일 윗어른이 결국은 하나님이라는 사실을 증명하고 있습니다.

"예수께서 가르치심을 시작하실 때에 삼십 세쯤 되시니라 사람들이 아는 대로 요셉의 아들이니 요셉의 위는 헬리요....(23) (24절부터 37절까지는 생략)

그 위는 에노스요 그 위는 셋이요 그 위는 아담이요 그 위는 하나님이시니라." (누가복음 3 : 38)

이 족보는 예수님의 족보의 제일 윗어른이 하나님이라는 사실을 기록한 족보입니다.

하나님은 우리 인류 족보의 제일 윗어른이라는 뜻입니다. 그러기에 하나님은 우리의 족보의 윗어른인 동시에 인류의 조상이신 아버지시라는 뜻입니다.

D) 남자와 여자를 창조

이 세상 모든 생명체는 거의가 암 수로 되어 있습니다.

사람도 하나님께서 남자와 여자(암수)를 창조하셨습니다. 하나님의 지혜로운 설계로 만드신 것이지만 참으로 오묘한 설계입니다. 하나님은 전능하신 창조주시니까 암 수가 없이도 세포 하나가 두 개로 분화되고 두 개가 4개로 분화해서 번식하듯이 사람도 번식하게 하면 될 수도 있을 것인데 왜 그렇게 설계를 하셨을까?

남녀 구별 없이 아담이 혼자서 또 다른 아담을 복제할 수도 있을 것이라 그런 이야기입니다. 하지만 하나님은 남녀를 만드셨습니다. 사람의 머리로 하나님의 뜻을 알 수는 없지만 우리 하나님이 세상을 아름답게 흥미롭게 창조하신 뜻이 아닌가 생각이 됩니다.(전도서 3 : 11)

"하나님이 모든 것을 지으시되 때를 따라 아름답게 하셨고 또 사람들에게 영원을 사모하는 마음을 주셨느니라 그러나 하나님이 하시는 일의 시종을 사람으로 측량할 수 없게 하셨도다." (전도서 3 : 11)

역사적으로 복제를 누가 제일 먼저했을까?

하나님이 자신의 모양대로 사람을 만드신 것은 창조일까? 복제일까?
하나님의 형상대로 사람을 만드신 것은 분명 창조다.
스스로 존재하시는 하나님이 자신의 DNA로
하나님을 닮은 사람을 만드신 것은 복제라 할 수도 있다.
복제란 본체와 같은 다른 개체를 만드는 것이기 때문이다.
그래서 사람은 하나님의 속성을 가지고 있는 것이다.

"그들에게 복을 주시며... 생육하고 번성하여 땅에 충만하라."

▼

"하나님이 그들(사람)에게 복( )을 주시며 하나님이 그들에게 이르시되 생육하고 번성하여 땅에 충만하라. 땅을 정복하라. 바다의 물고기와 하늘의 새와 땅에 움직이는 모든 생물을 다스리라 하시니라."(창 1 : 28)

a) "하나님이 그들에게 복(福)을 주시며..."(26절 상)

다섯째 날 창조하신 움직이는 동물에게 복(福)을 주셨던 하나님이 사람을 창조하시고 사람에게도 복(福)을 주신다고 말씀을 하셨습니다. 그러면 동물에게도 복을 주시고 사람에게도 복을 주셨다면 사람도 동물과 똑 같은 수준으로 창조하셨다는 뜻일까? 물론 아닐 것입니다.

만물을 다스릴 권한을 사람에게 주신 하나님이 사람을 동물과 똑 같은 수준으로 창조하셨을 리가 만무하기 때문입니다. 사람에게 주신 복이 무엇인가를 찾아보면 그 복이 동물에게 주신 복과 어떻게 다른지 짐작이 갈 것입니다.

사람에게 주신 복이 무엇일까?

사람에게 "복을 주시며 이르시되"라고 하신 다음 "생육하고 번성하여 땅에 충만하라."고 하셨습니다. 이 말씀까지는 동물과 사람이 똑같습니다. 다시 말하면 동물에게도 "생육하고 번성하고 땅에 충만하라." 하셨고, 사람에게도 "생육하고 번성하고 땅에 충만하라."고 하셨습니다. 똑 같은 복입니다. 결국 동물과 사람이 생물학적으로는 생육하고 번성하면서 땅에 충만해 가는 방법이 같을 수밖에 없기 때문일 것입니다. 동물도 사람도 암 수가 있어서 생육하고 번성해서 땅에 충만해가고 있는 것은 마찬가지라는 이야기입니다.

그 다음 "땅을 정복하라. 바다의 물고기와 하늘의 새와 땅에 움직이는 모든 생물을 다스리라 하시니라."라고 하셨습니다. 즉 사람에게는 동물과는 달리 땅을 소유할 수 있는 권한과 함께 우주 만물까지도 다스리는 권한을 복으로 주셨다는 이야기입니다. 사람과 똑 같이 생육하고 번성하는 복을 받은 동물까지도 사람의 다스림을 받도록 하셨다 그런 말씀입니다.

하나님이 창조하신 맹수들이 지구상에 많지만 모두 사람의 통치를 받을 수밖에 없는 이유가 바로 하나님이 사람에게 그들을 다스릴 권한을 주셨기 때문입니다.

하나님이 창조하신 모든 만물을 다스리는 권한을 주셨다는 뜻은 하나님의 창조하신 우주 만물을 다스릴 전권을 받은 존재가 바로 사람이라는 뜻입니다. 그것이 바로 하나님이 사람을 사랑하신다는 증거인줄 믿는 것입니다. 이토록 우리는 하나님의 사랑받는 존재요 복을 받은 존재인 것입니다.

b) 세상에 많은 동물을 창조하셨는데
　왜 사람에게 만물을 다스릴 권한을 주셨습니까?

사람은 하나님의 형상을 받은 하나님의 사랑하는 자녀요 백성입니다.
우리는 모두 하나님의 성품을 받았습니다. 그래서 우리는 인격체
가 되었습니다. 하나님은 신격을 가지고 계시지만 사람에게는 그 하
나님의 신격을 닮은 제한적인 인격체로 만들어 주셨다는 이야기입니
다. 다시 말하면 하나님의 속성을 제한적으로 받았다는 뜻입니다. 여
러분도 저도 우리 모두가 똑같습니다.

그런 인간에게 만물을 다스릴 권한을 부여하셨다는 뜻은 하나님은
창조로부터 말세에 이르기까지 하나님의 계획을 우리 인간과 같이
이루어가시고 있다는 뜻일 것입니다.
이제 하나님의 계획이 거의 끝부분에 와 있는 것 같은 느낌입니다.
지금을 말세지말 이라고 하는 것 같습니다. 말세지말이 되었다는 것
은 우리가 느끼고 있기 때문에 별도로 설명이 필요치 않을 것 같습니
다. 주님이 오실 날이 거의 다 되어가고 있습니다. 우리는 오직 성경
말씀대로 주님을 맞이할 준비를 하면서 살아야 될 줄 믿습니다.

c) 동물은 사람의 다스림을 받아야만 살 수 있는가?

하나님이 사람에게 만물을 다스릴 권한을 주셨다면 만물이 사람의
통치에 의해서만 생존해가고 있느냐는 질문입니다. 물론 그렇다고
답을 하는 분은 없을 것입니다.

복은 누가 주는 것일까?

사람은 다른 사람에게 복을 줄 수가 없다.
그래서 사람은 다른 사람을 위해 축복(祝福)을 한다.
하지만 사람이 하나님께 축복해 주시라고 하면
하나님을 사람으로 끌어내리는 처사다.
하나님은 복을 주시는 분이지
복을 빌어 주시는 분이 아니기 때문이다.
하나님보다 더 높은 하나님이 없기 때문이다.

하나님께서 동물에게는 그들 나름대로 생육하고 번성하며 땅에 충만할 수 있는 복을 주셨기 때문입니다. 비록 사람처럼 생각하고 계획할 수 있는 고귀한 머리는 주시지 않았지만 암수가 만나 짝짓기하고 공동생활을 하며 주거지를 만들고 찾아가는 능력을 주셨다는 사실입니다.

개구리는 봄에 물이 있는 물속에 알을 낳고 알 곁에서 알이 올챙이가 되도록 기다리지 않습니다. 하지만 올챙이는 스스로 먹고 자라서 앞 뒤 다리가 나오고 개구리가 되면 자신의 부모처럼 똑 같은 삶을 살아 갑니다.

브라질 앞바다에는 녹색 거북이가 살고 있다고 합니다. 그 거북이가 배란기가 되면 수천 km 떨어진 대서양 중간에 있는 섬으로 헤엄쳐가서 바닷가 모래를 파고 알을 100 개 정도를 낳은 뒤 모래로 덮어놓고 부라질 앞바다로 돌아온다고 합니다. 때가 되어 그 알들이 부화가 되면 새끼 거북이들이 바다로 들어가 그 부모가 사는 브라질 앞바다를 향해 헤엄쳐 간다는 겁니다. 새끼들이 그곳에서 자라서 배란기가 되면 그들도 그 부모가 했던 대로 알을 낳으러 자신들이 태어난 섬으로 간다고 합니다.

교육을 받은 일도 없고 글로 안내서를 써 놓은 일도 없는데 어떻게 그것이 가능한지 궁금합니다. 아마도 하나님께서 주신 유전자에 넣어주신 유전적 지혜가 아닌가 생각되는 것입니다.

그러한 예는 자연계에 얼마든지 있습니다. 연어가 민물에서 태어나 바다로 가서 살다가 산란기에 고향을 찾아가는 것. 장어가 바다에서 태어나 민물에서 살다가 다시 바다로 돌아가는 것 등 많이 있습니다.

또 식물은 동물처럼 생육하고 번성하는 복은 받지 못했지만 식물도 나름대로 잘 생존해 가고 있습니다. 아니 생명력이 동물보다 더욱 강하다고 볼 수도 있습니다.

거기에 더욱 관심이 가는 것은 식물은 동물이나 사람처럼 생각하는 머리가 없습니다. 그런데도 계절을 알고 때를 따라 싹도 나고 꽃도 피고 열매도 맺는 것을 보면 참으로 신비스럽습니다. 하나님의 지혜요 창조의 신비입니다.

15
Chapter

먹거리로 구별이 되는
하나님의 사랑

▼

"하나님이 이르시되 내가 온 지면의 씨 맺는 모든 채소와 씨 가진 열매 맺는 모든 나무를 너희에게 주노니 너희의 먹을거리가 되리라 또 땅의 모든 짐승과 하늘의 모든 새와 생명이 있어 땅에 기는 모든 것에게는 내가 모든 푸른 풀을 먹을거리로 주노라 하시니 그대로 되니라" (창 1 : 29-30)

a) 풀과 채소와 과수를 창조하신 목적

하나님께서 만물을 창조하신 순서를 보면 하나님의 만물을 창조하신 목적이 보입니다.

신묘막측하게 우주 만물을 창조하신 전지전능하신 하나님께서 목적도 없이 우주를 창조하실 이유가 없기 때문입니다.

무엇보다도 생명체들이 살아가기 위해서는 먹거리가 있어야 합니다. 먹지 않고 사는 생명이 없기 때문입니다. 그래서 하나님께서는 생명체들이 살아가기 위해 필요한 먹거리를 생명체들을 창조하시기 이전에 먼저 창조하셨다는 점입니다.

이제 하나님께서 창조하신 순서를 보십시오.

첫째 날 하나님께서는 만물을 창조하실 재료를 창조하셨습니다.

"태초에 하나님이 천지를 창조하시니라"(창 1 : 1) 시간과 공간과 물질(지구)입니다. 제한 된 생명체들이 생존하기 위해서는 반드시 필요한 요소들이라고 할 수 있습니다.

생명체들은 피조물이니까 제한 된 시간 안에서 제한 된 공간 안에서 물질(흙)로 만들어져야 되는 존재로 흙에서 나는 것을 먹어야 살 수 있기 때문입니다.

둘째 날 하나님께서는 첫째 날 창조하신 재료를 가지고 생명체들이 살기에 좋은 환경을 만들어 주셨습니다.

"하나님이 궁창(대기권)을 만드사 궁창 아래의 물과 궁창 위의 물로 나뉘게 하시니 그대로 되니라"(창 1 : 7)

생명체들이 살아가기 위해서는 좋은 환경이 필요하기 때문입니다. 온화한 기후와 호흡하기에 좋은 공기 유해한 광선을 차단해서 생명체들이 해를 받지 않고도 살 수 있는 환경을 만들어 주셨다는 이야기입니다.

셋째 날에는 바다와 육지를 나누셨습니다.

"하나님이 이르시되 천하의 물이 한 곳으로 모이고 뭍이 드러나라 하시니 그대로 되니라"(창 1 : 9)

지구전체에 물로만 덮여 있어도 흙으로만 덮여 있어도 생명체들이 살기에 불편하기 때문에 바다와 육지를 나누신 것입니다. 왜냐하면 바다에는 물고기가 살아야 하고 육지에서는 동물들이 살아야 하기 때문입니다.

하나님께서는 육지가 드러나자마자 식물이 땅에서 나도록 하셨습니다. 왜냐하면 동물이 먹고 살아야 할 먹거리를 동물을 창조하시기 전에 만들어야 하기 때문이었습니다. 식물(채소와 곡식 과일)로 모든 움직이는 동물들이 먹고 살 수 있도록 하시기 위해서입니다.

이렇게 셋째 날까지만 창조 순서를 보아도 하나님께서 창조하신 목적이 분명 보입니다. 생명체들을 살 수 있도록 하기 위한 하나님의 계획이라는 사실을 알 수 있다는 이야기입니다. 그리고 제일 마지막으로 사람을 창조하셨습니다. 창조의 최종 목적이 사람이라는 뜻입니다. 하나님께서 사람을 사랑하시기 때문입니다.

b) 사람의 먹거리와 동물의 먹거리

셋째 날에는 땅에서 식물이 나도록 하셨습니다. 셋째 날 사람의 먹거리와 동물의 먹거리를 만드시기는 하셨지만 그 날로 사람의 먹거리와 동물의 먹거리로 구분하지는 않으셨습니다. 그러나 분명 하나님의 계획에는 사람의 먹거리와 동물의 먹거리를 종류가 다르게 창조하셨다는 것을 알 수 있습니다.

하나님께서 동물이나 사람을 모두 흙으로 만드셨지만 먹거리만은 사람과 동물이 서로 다른 것을 먹고 살도록 창조하셨다는 이야기입니다.

"하나님이 이르시되 땅은 풀과 씨 맺는 채소와 각기 종류대로 씨 가진

열매 맺는 나무를 내라 하시니 그대로 되어"(창 1 : 11)

셋째 날 풀과 씨 가진 채소와 과일을 만드셨지만 하나님께서는 동물과 사람을 모두 창조하신 다음에야 비로소 먹거리를 구분하여 주셨습니다.

c) 사람의 먹거리와 동물의 먹거리의 다른 점

하나님께서 사람에게는 채소와 과일을 먹거리로 주셨는데 씨를 가지고 있다고 했습니다.

"하나님이 이르시되 내가 온 지면의 씨 맺는 모든 채소와 씨 가진 열매 맺는 모든 나무를 너희에게 주노니 너희의 먹을 거리가 되리라"
(창 1 : 29)

또 동물에게는 푸른 풀을 먹거리로 주셨다고 하셨습니다.

"땅의 모든 짐승과 하늘의 모든 새와 생명이 있어 땅에 기는 모든 것에게는 내가 모든 푸른 풀을 먹을 거리로 주노라."(창 1 : 30)

여기서 우리가 생각할 점은 사람에게 주신 씨 가진 것들은 반드시 재배가 필요하다는 사실입니다. 재배를 해야 된다는 것은 사람이 정성과 사랑을 주어야 소출을 얻을 수 있다는 이야기입니다.
풀은 재배가 필요 없고 저절로 나서 저절로도 잘 자랄 수 있다는 겁니다. 재배하지 않아도 사랑을 주지 않아도 언제나 어디서나 풍족

하게 얻을 수 있습니다. 풀에도 씨가 있는 풀들이 있습니다. 그러나 풀의 씨들은 재배하지 않아도 자연 번식이 쉽도록 되어 있습니다.

마치 사람과 동물의 차이와도 같은 이치인 것 같습니다.

사람은 애기를 낳으면 애기가 부모의 사랑과 보살핌이 있어야 생존하고 자랄 수 있습니다. 그러나 동물들은 나면서부터 새끼들은 걷고 먹을 것을 찾아 먹고 살 수 있습니다.

사람은 자신도 사랑을 받고 보살핌을 받아 살았으니 먹는 것도 사랑을 주고 보살핌을 주어 기른 먹거리를 먹고 살도록 만드셨다는 이야기입니다.

반면에 동물들은 자신들도 나면서부터 스스로 먹고 자랐으니 먹거리도 저절로 자라 아무데서나 구할 수 있는 풀을 먹고 살도록 만드셨다는 사실입니다.

사람이 몸은 흙으로 돌아가지만 영은 하나님의 사랑을 받고 하나님의 인도와 보살핌을 받아야 영원한 생명을 얻을 수 있는 것이 아닐까 생각이 되는 것입니다.

d) 사람과 동물에게 창조 직후에 주신 먹거리

창세기 1 : 29-30(본문)에 의하면 창조 직후에 하나님께서 주신 먹거리는 사람이나 동물이나 다 똑같이 채식이었다는 사실입니다. 채식을 노아 홍수 때까지 먹었습니다.

"너는 먹을 모든 양식(every kind of food)을 네게로 가져다가 저축하라 이것이 너와 그들의 먹을 것이 되리라."(창 6 : 21)

홍수로 기식 있는 모든 생명체를 죽이시면서도 사람에게는 먹을거리를 준비해 주시기 위해 양식을 방주로 가져다가 저축하라고 하신 하나님이십니다. 결국 그 채식은 홍수 후에도 계속해서 사람의 먹을거리가 되었습니다.

홍수 때까지는 먹거리로 육식을 주시지 않았기 때문에 모든 양식이라고 하는 것은 전부가 식물이었습니다. 그래서 홍수 후에는 채식과 육식을 겸해서 사람의 먹거리가 되었습니다.

노아 홍수 후에 하나님께서는 사람에게 비로소 육식도 허락하셨다는 뜻입니다.

"무릇 산 동물은 너희의 식물이 될지라(Everything that lives and moves will be food for you) 채소같이 내가 이것을 다 너희에게 주노라"(창 9 : 3)고 하셨습니다.

성경에 동물에게는 언제부터 육식동물이 있게 되었는지 기록이 없습니다. 아마도 동물도 노아 홍수 전에는 사람과 같이 채식을 했던 것이 분명하고, 노아 홍수 후 육식을 했을 것 같습니다.

이렇게 창조 사역을 6 일 동안 다 하시고 하나님께서 그 마치신 소감을 말씀하셨습니다.

"하나님이 지으신 그 모든 것을 보시니 보시기에 심히 좋았더라 저녁이 되고 아침이 되니 이는 여섯째 날이니라"(창 1 : 31)

결국 하나님의 창조는 하나님의 무한하신 능력(에너지)중 일부가 물질로 변한 것이라 할 수 있습니다. 제한 된 피조세계를 만드시려고 하니까 제한 된 시간과 공간 속에 물질을 만들어 두신 것이라 할 수 있습니다.

과학자들의 연구에 의하면 에너지는 다른 형태로 바뀔 수는 있지만 스스로 만들어질 수도 없고 없어질 수도 없다는 법칙입니다. 그 법칙을 열역학 제일 법칙이라 합니다. 일명 에너지 보존 법칙이라고도 합니다.

그 법칙에 의하면 하나님의 능력(에너지)은 사람이 만들 수도 없고 없앨 수도 없는 이치입니다. 그러나 그 에너지 형태는 언제든지 바뀔 수는 있습니다.

그러기 때문에 하나님께서 창조하신 지구(만물)은 창조 때나 지금이나 그 물질의 총량이 똑 같습니다. 하지만 그 형태만은 변하고 또 바뀔 수 있기 때문에 지구에 있는 만상이 계속 변하고 있는 것입니다.

"이미 있던 것이 후에 다시 있겠고 이미 한 일을 후에 다시 할찌라 해 아래는 해 아래는 새것이 없나니 무엇을 가리켜 이르시를 보라 이것이 새 것이라 할 것이 있으랴 우리 오래 전 세대에도 이미 있었느니라."(전 1 : 9-10)

"창세로부터 그의 보이지 아니하는 것들 곧 그의 영원하신 능력과 신성이 그가 만드신 만물에 분명히 보여 알려졌나니 그러므로 그들이 핑계하지 못할지니라"(롬 1 : 20)

창조의 신비

음식을 먹으면 힘이 난다.
음식을 먹으면 힘이 난다는 것은 상식이다.

음식을 먹고 장에서 소화가 되었을 뿐인데 왜 힘이 날까?
그것은 상식을 넘어 과학이다.
물질은 에너지고 에너지는 곧 물질이기 때문이다.

그것은 과학을 넘어 하나님의 창조의 원리다.
창조는 무에서 유를 만들어내는 것이기 때문이다.
보이지 않는 하나님의 능력이 보이는 물질이 되었기 때문이다.

하나님의 우주 경영

■
초판 1쇄 인쇄 / 2017년 4월 10일
초판 1쇄 발행 / 2017년 4월 15일

■
지은이 / 이 기 정
펴낸이 / 민 병 문
펴낸곳 / 새한기획 출판부

편집처 / 아침향기
편집주간 / 강 신 억

■
100-230 서울 중구 수표동 47-6 천수빌딩 1106호
☎ (02)2274-7809 • 2272-7809
FAX • (02)2279-0090
E.mail • saehan21@chollian.net

■
미국사무실 • The Freshdailymanna
2640 Manhattan Ave. Montrose, CA 91020
☎ 818-970-7099
E.mail • freshdailymanna@hotmail.com

■
출판등록번호 / 제 2-1264호
출판등록일 / 1991. 10. 21

정가 12,000원

ISBN 978-89-94043-99-9 03230

Printed in Korea